우리 애가 그럴 리 없어요

우리 애가 그럴 리 없어요
현직 변호사, 장학사와 함께 학교폭력 해결하기

초판 1쇄 발행 2024년 5월 25일
　　2쇄 발행 2024년 6월 24일

지은이 조범수 · 김익환 · 고재현
펴낸이 장현수
펴낸곳 메이킹북스
출판등록 제 2019-000010호

디자인 이정아
편집 이정아
교정 강인영
마케팅 김소형

주소 서울특별시 구로구 경인로 661, 핀포인트타워 912-914호
전화 02-2135-5086
팩스 02-2135-5087
이메일 making_books@naver.com
홈페이지 www.makingbooks.co.kr

ISBN 979-11-6791-549-8(03370)
값 16,800원

ⓒ 조범수 · 김익환 · 고재현 2024 Printed in Korea

잘못된 책은 구입하신 곳에서 바꾸어 드립니다.
이 책의 전부 또는 일부 내용을 재사용하려면 사전에 저작권자와 펴낸곳의 동의를 받아야 합니다.

홈페이지 바로가기

메이킹북스는 저자님의 소중한 투고 원고를 기다립니다.
출간에 대한 관심이 있으신 분은 making_books@naver.com으로 보내 주세요.

현직 변호사, 장학사와 함께 학교폭력 해결하기

우리 애가 그럴 리 없어요

조범수 김익환 고재현 지음

메이킹북스

목차

추천사 · · · · · · · · · · · · 8
머리말 · · · · · · · · · · · · 12

1. 우리 아이가 학교폭력 피해학생이라고요? · · · · · · · · 17

나는 아직도 배가 고프다	18
난 어른이고, 넌 학생이야	23
너의 이름은	27
대안은요?	31
머리부터 발끝까지 다 사랑스러워	36
성난 사람들	41
세상에 그런 일이	48
얼마면 돼	53
여기서 이러시면 안 됩니다	58
오랜 날 오랜 밤	62
진정한, 진심 어린, 진정성 있는	66
천벌을 받을 겁니다!	71
학교의 중심에서 학폭을 외치다	76
학폭이 확실합니다!	81
환상 속의 그대	85

2. 우리 아이가 학교폭력 가해학생이라고요? · · · · · · · 93

Can you speak English?   94
끝날 때까지 끝난 게 아니다   98
나는 술로   102
나이는 숫자에 불과하다   106
너무 비싸요   109
사건의 지평선   113
엄마의 소원   117
우리 애가요? 이런 행동을요? 왜요?   122
유토피아   126
이 구역의 연기대상   131

3. 우리 아이는 그런 애가 아닙니다 · · · · · · · · · · · 137

개싸움   138
국가의 역할   142
네버엔딩 스토리   146
니 부모 얼굴이 보고 싶다   151
달인   155
덤 그리고 더머   160
매너가 사람을 만든다   165
사과의 품격   169

서울 대전 대구 부산, 서울 대전 광주 목포	174
손에 손 잡고	179
연진아 우리 같이 천천히 말라 죽어 보자	185
우리 헤어졌어요	189
음메 기죽어, 음메 기 살어	194
이의 있습니다~!	199
인생도처유상수	203
픽 미 픽 미 픽 미 업	207

부록 · · · · · · · · · · · · · · · · 213

추천사

　피해든 가해든 학교폭력과 관련되었다고 연락을 받으면 가슴이 철렁할 수 있습니다. 이 책을 통해 학부모님과 학교 선생님들, 업무 담당자 등이 학교폭력에 대한 교육적 시각을 좀 더 넓힐 수 있을 것입니다. 누구보다 우리 아이들이 학교폭력에서 벗어나 행복한 학교생활을 하길 기원합니다.
　- 경기도고양교육지원청 교육장 고효순

　오늘도 생활인성교육과 사무실에는 학교폭력 사안과 관련한 민원상담 전화가 끊이지 않습니다. 가해학생이라고 하면 폭력을 행사한 나쁜 학생이라고 우선 생각되시겠지만, 그 '가해'라는 무서운 어감과는 달리 실제로는 내 자녀, 내 조카와 같은 어리고, 순한 학생들이 가해학생이 되기도 합니다. 그래서 교육청은 학생을 가장 중심에 놓고, 교육적 해결을 위해 모두가 애쓰고 있습니다. 이 책에는 학교폭력 사안에 대해 진심과 전문성으로 현장을 지원하려는 노력이 담겨 있습니다.
　- 경기도고양교육지원청 생활인성과 과장 허서윤

'애들이 좀 싸우면서 크는 거지~'라고 학교폭력을 생각하던 때는 지난 것 같습니다. 학교폭력대책심의위원회에서는 성인들의 법정 다툼 못지않은 첨예한 갈등이 종종 있습니다. 이 책이 갈등을 해결하기 위해 온몸으로 노력하는 학교 선생님들과 교육지원청 업무 담당자님들에게 응원이 되길 바랍니다.
- 전) 경기도교육청 학교폭력 담당 변호사 변성숙

학교폭력은 아이들의 영혼을 오랜 시간 동안 병들게 합니다. 이 책은 가해학생의 처벌을 넘어 진정한 화해와 조정을 통한 학교 공동체 회복의 중요성을 지향하고 있습니다. 또한 경험에서 비롯한 다양한 학교폭력 사례들에 대한 명쾌한 팁과 법률적 조언은 오늘도 학교폭력이라는 갈등 해결을 위해 고군분투하고 있는 학교 선생님들과 교육지원청 업무 담당자들에게 든든한 나침반이 되어줄 것입니다.
- 전라북도전주교육지원청 생활교육과 장학사 유선미

청소년기의 대부분을 학교에서 지내는 학생들이 웃음과 즐거움이 아닌 두려움의 시간을 겪고 있는 현실에 마음이 아픕니다. 학부모님들과 여러 선생님들이 이 책을 통해 갈등 해결을 위해 공감대를 형성하고 전문성과 사명감을 높이는 데 도움이 되길 바랍니다.
- 가온고등학교 전인안전교육부장 이상혁

학교폭력 관련 업무가 중요하고 힘들다는 것은 알지만 현장에서 막상 일이 생기면 참 곤란하고 대처가 어려운 경우가 많습니다. 이 책은 뜬구름 잡는 이론이 아니라 실제 현장에서의 경험을 바탕으로 한 내용이라서 더욱 가치가 높다고 생각합니다. 특히 관련 경험이 없는 업무 담당 교사부터 교육계 종사자는 물론 학부모들에게도 매우 유용한 책이 될 것입니다. 많은 사람들에게 등대 역할을 할 수 있는 책이 되길 바랍니다.

– 부산광역시 해동고등학교 학생부장 손용식

머리말

출생률이 많이 낮아지고 있다고 하지만, 여전히 아이를 낳고 키우는 것은 커다란 기쁨입니다. 언제까지고 부모 곁에서 어리광을 부릴 것 같던 아이가 어느새 자라서 학교에 오라는 취학 통지서를 받게 되면, 아이를 키우는 동안 겪었던 이런저런 일들이 떠오르면서 한편으로는 아직 어리게만 보이는 우리 아이가 학교생활을 잘 할 수 있을까 하며 여러 가지를 염려하게 되지요. 그런 걱정 중 하나는 학교폭력에 대한 것이 아닐까 싶습니다. 학교폭력을 소재로 다룬 드라마와 영화가 아니더라도 주변에서 보고 들은 여러 일들을 떠올리다 보면 걱정하지 않을 수 없을 것도 같습니다.

이 책을 쓴 저자들은 학교폭력 사안 처리가 주요 업무 중 하나입니다. 하루가 멀다고 접수되는 사안들을 보면, 심각한 학교폭력이어서 엄중한 조치가 필요한 경우도 많습니다. 학교에서는 피해학생과 학부모들에게 적절한 지원이 필요하다고 판단될 경우, 학교폭력대책심의위원회의 심의 이전이라도 긴급 조치 등을 통해 학생을 보호하기 위한 노력을 하기도 합니다. 물론 가해학생에 대한 긴급 조치가 결정되는 경우도 있습니다.
하지만 학교폭력이라고 교육지원청에 접수되는 사안 중 절반 이상은 접수 이후 해당 학생과 학부모, 학교 측의 노력으로 학교장자체해결 사안으로 처리됩니다. 즉 사안의 내용이 그리 심각하지 않은 것이지요. 게다가 여러 노력에도 불구하고 갈등이 해결되지 않아 결국 학교폭력대책심의위원회를 통해 심의하게 되는 사안이라고 해도 그중 80% 정도는 피해와 가해 정도가 크지 않아, 조치 이행 시 생활기록부에 기록되지 않는 1, 2, 3호 조치가 결정됩니다. 하지만 그 외 학교폭력 사안은 그 내용에 따라 심하게는 전학과 퇴학까지 조치처분이 내려집니다. 또한 이 과정에서 피해학생에 대해서도 보호 조치가 함께 결정됩니다.

   심의를 마치게 되면 등기 우편으로 조치결정통보서가 발송되는데, 대개 피해학생과 가해학생 측 모두 자신과 상대 학생에 대한 조치 결과에 만족하지 못합니다. 하지만 이는 정작 학생이 아닌 부모님들의 생각인 경우가 많습니다. 그래서 조치결정통보서를 받게 되면 바로, 혹은 다음 날 업무 시작 시간 직후 부모님들은 교육지원청에 전화를 걸어 불같이 화를 내곤 합니다.

   말로는 '우리 아이'를 위해서라고 하지만 학교폭력 사안 접수 이후 심의와 결과 통보, 그리고 종종 행정심판과 행정소송이라는 불복 절차를 밟으면서 정작 사랑한다는 그 아이가 너무나 피폐해지는 경우를 자주 봅니다. 하지만 대개는 끝내 원하는 결과를 받지 못하곤 하는데, 다시 그 분풀이는 학교와 교육지원청을 향하곤 합니다. 이 과정을 행정적으로 진행하며 온몸으로 민원을 상대하는 학교 현장의 학교폭력 책임교사와 담임 선생님, 부장 선생님, 교감 선생님, 교장 선생님까지 마음과 몸이 다치게 되어 결국 병가와 휴직을 결정하는 안타까운 모습도 종종 보게 됩니다. 물론 교육지원청에서 업무를 담당하는 장학사와 주무관님들도 민원에 시달리며 상처를 입습니다.

   하지만 그럼에도 불구하고, 학교폭력 사안을 겪게 되었지만 다행히 이를 계기로 자신의 행동을 다시 한번 돌아보고 다시는 그런 일이 생기지 않도록 노력하겠다는 학생도 있고, 먹고사느라 아이를 돌보지 못했던 부모 역할을 잘 해 보겠다는 보호자들도 있습니다. 힘든 업무이지만 누군가는 해야 할 일이고, 피해학생에 대한 보호와 가해학생에 대한 선도 조치를 통해 교육 현장을 지켜나가기 위해서 여러 선생님과 교육지원청 업무 담당자들은 힘을 내고 있습니다.

학교폭력대책심의위원회에 출석한 학생 혹은 학부모님들을 통해 자주 듣는 말이 여럿 있습니다만, 그중 '같은 부모로서 이렇게까지는 안 하려고 했지만'이 생각납니다. 내 아이만, 혹은 정작 아이가 아닌 본인만 생각하는 부모가 아닌, 앞집, 옆집, 우리 마을 아이들을 함께 생각하는 부모님들이 더 많아지면 좋겠습니다. 그리고 내 아이가 학교폭력에 관련되지 않을까 염려가 많습니다만, 사실 학교폭력으로 사안 접수가 되는 아이들의 비율은 전체 학생 중 1% 남짓입니다. 우리가 교통사고를 걱정하지만 거의 별일 없이 자동차, 비행기 등을 이용하는 것처럼 대부분의 아이들은 즐겁게 학교생활을 하고 있습니다. 그리고 혹시라도 사안이 발생하게 되면 학교와 교육지원청에서 진심을 다해, 전문성을 바탕으로 지원을 하고 있으니 그리 큰 걱정은 하지 않으셔도 된다는 말씀을 드립니다.

이 책은 학교폭력 사안 처리 업무를 하면서 겪게 된 여러 실제 사례를 바탕으로 하고 있습니다. 하지만 학교폭력 사안은 민감한 성격을 가진 경우가 많은데다 개인정보 보호 등 다양한 이유로 이 책에 실린 모든 사례는 많은 교육지원청에서 학교폭력 사안 심의가 진행된 여러 해 동안의 사례를 바탕으로 각색되어 있음을 밝힙니다.

1장에서는 피해학생, 2장에서는 가해학생 입장에서 학교폭력을 바라보는 경우를 담고 있으며, 3장에서는 그 외 피해와 가해가 얽혀 있는 경우나 학교폭력 사안처리 관련 제도 등에 대한 생각을 담아 보았습니다. 물론 피, 가해가 뚜렷이 구분되지 않는 경우가 많고, 피, 가해와 관련 없이 학교폭력과 관련한 여러 생각을 담고 있어 이런 구분이 큰 의미는 없을 것입니다. 부록에서는 학교폭력예방법과 2024년부터 새로 시행되는 학교폭력전담조사관제와 관련한 내용을 실어 학교폭력에 대한 이해를 넓히고자 했습니다.

오늘도 학교 현장에서, 그리고 여러 교육지원청에서 민원의 강도가 세기로 잘 알려진 학교폭력 업무를 담당하느라 수고하시는 분들께 감사의 말씀 드립니다. 학교폭력 사안을 겪으며 상처 입는 학생과 학부모님, 그리고 업무 담당자들에게 이 책이 작은 도움이 되면 좋겠습니다.

상처는 아물지만 흉터는 남는다는 제약회사의 광고 문구가 생각납니다. 비록 흉터가 남더라도 상처가 잘 아물 수 있도록, 그리고 그 마음의 흉터가 조금이라도 더 작게 남아서 아이들이 잘 자라 좋은 어른이 되고 행복하게 자신의 인생을 살아갈 수 있도록 교육 가족들이 노력하겠습니다.

감사합니다.

1. 우리 아이가 학교폭력 피해학생이라고요?

나는 아직도 배가 고프다

　벌써 20년이 지났지만, 2002 월드컵을 우리나라와 일본이 공동으로 개최한 적이 있었다. 이때 우리나라 국가대표팀을 이끌던 감독이 거스 히딩크였다. 개최국의 이점을 안고 있었지만 반신반의했던 16강에 진출하고 난 이후 그는 'I am still hungry(나는 아직도 배가 고프다).'라는 말을 했다고 한다. 여전히 도전할 목표가 남아 있다는 뜻이었고, 이후 우리 축구팀은 8강을 거쳐 4강까지 진출하게 된다. 아이폰으로 유명한 애플의 스티브 잡스는 스탠포드 대학교 졸업식에서 'Stay hungry, Stay foolish(언제나 갈망하고 나아가라).'라는 말을 했다. 부족함에 대한 인식은 더 나은 상황을 만들고자 하는 데 있어 필요한 조건 중 하나인 것 같다.

　학교폭력 사안을 접하다 보면 가해학생에 대해 결정되는 여러 조치들에 대해, 피해학생 쪽에서 여전히 부족함을 느끼는 경우가 종종 있다.
　초등학교 학생 간 언어폭력이 접수된 경우가 있다. 사안 내용을 보니 물론 학교폭력이 있었던 것 같긴 했지만 언어폭력의 정도는 그리 커 보이지 않았다. 하지만 피해를 주장하는 학생 쪽에서는 우선 관련 학생 간 분리조치를 요구하였다. 이에 7일간의 분리조치가 이루어졌고, 학교에서는 피해학생 쪽의 요구로 일시보호 조치를 통해 마음의 안정을 얻을 수 있도록 학교장 긴급조치를 시행하였다. 이에 더해 보호자는 확인서에서 상대 학생의 전학까지 요구하고 있었다.

심의가 진행되어 해당 학생들과 보호자가 출석하여 사안과 관련한 내용을 진술하였다. 피해학생 쪽에서는 그사이 심리상담을 받고 있었다고 자료를 추가로 제출하였다. 자주 듣는 '진정한 사과'를 받지 못했다며 여전히 상대 학생에 대해 전학을 포함한 엄벌을 요구했다. 초등학생이니 망정이지, 고등학생이라면 퇴학을 요구하겠구나 싶었다. 피해를 입었다는 학생은 그리 어둡지 않은 표정이긴 했는데, 어쨌든 상대 학생과 같이 학교를 다니고 싶지 않다는 의사를 전했다. 진술을 마치고 이야기를 나누며 복도를 빠져나가는 학생과 보호자를 보며 이 사안 내용으로 전학을 요구하면 앞으로 중, 고등학교는 잘 다닐 수 있을까 하는 생각이 들었다.

가해학생과 보호자가 심의실에 들어왔다. 조금은 주눅 든, 하지만 아직 초등학생의 앳된 얼굴이었다. 자기가 했던 언어폭력에 대해 인정하고, 사과를 하고 싶다고 했다. 보호자 역시 아이가 잘못한 것을 인정하고 있었다. 반성문도 제출하였고, 상대 부모를 만나 사과를 전하고 싶었지만 피해학생 쪽에서 만남을 거부하고 있어 사과나 화해가 어려웠다고 이야기했다. 그리고 아이가 잘못했으니 이에 대한 처분은 받아들이겠다고 하면서 진술을 마쳤다. 사실 언어폭력은 증거가 불충분한 경우가 종종 있어서, 주변 목격 학생 등이 없으면 안 했다고 끝까지 불손한 태도로 잡아떼는 경우도 있다. 이에 더해 오히려 상대 피해학생을 탓하며 우리 아이가 욕은 했겠지만 상대 아이가 욕먹을 짓을 했으니 욕을 했지 않았겠느냐며 안하무인으로 나오기도 하는데, 이렇게 잘못을 인정하고 이후에 아이를 잘 교육시키겠다고 하니 다행이었다.

가해학생의 언어폭력에 대해 어떤 처분을 내릴 것인지 논의가 시작되었다. 잘못한 부분은 있지만 심각한 폭력이라고 보기 어려웠으며, 자신의 잘못을 인정하고 있고 사과 의사도 전하고 있다는 점이 고려된 처분이 결정되었다.

이렇게 되면 심의가 잘 마무리되어 다행이긴 한데, 조치처분을 통보하면서 심의를 진행한 간사로서 긴장이 되었다. 아니나 다를까 우편물을 수령한 이후 피해학생 쪽 보호자에게서 항의성 민원 전화가 왔다. 왜 이 정도 처분밖에 안 나오느냐, 상담을 계속 받아야 하는데 인정 기간이 너무 짧다 등 본인 이야기만 오랜 시간 한 이후에야 통화를 마쳤다.

학교폭력예방법에 나와 있는 피해학생의 보호는 중요하다. 그러나 가해학생 역시 선도와 교육이 필요하고, 학생들이 건전한 사회구성원으로 육성될 수 있도록 어른들이 노력해야 한다. 학교폭력과 관련한 여러 제도가 당사자들에게 부족할 수 있다는 것은 잘 알고 있다. 하지만 내 아이의 피해만 생각하면서, 피해를 당했으니 언제까지고 더, 더, 더 많은 보호 조치가 필요하다고 주장하는 것은 곤란하다. 게다가 가해 아이는 잘못을 했으니 당해도 싼 데다 그냥 척 보니 반성할 기미도 없어 보인다며 사안 내용과 관계없이 무조건 전교생과 학부모 대상 공개 사과는 물론이고, 전학이든 퇴학이든 가장 센 조치를 해야 한다고만 생각하면 사회가 유지될 수 없다. 어느 정도 배고픔이 가셨다면 이쯤이면 됐다 하며 자리를 털고 일어나 다른 좋은 일들도 만들어야 행복하지 않을까.

김 팀장님의 사안 관련 팁

　학교폭력예방법 제17조제1항에 따른 가해학생 조치결정은 제1호부터 9호까지 있습니다. 다만 9호의 경우, 초중학교는 의무교육에 해당되어 최대 8호 조치까지 해당합니다.

　학교폭력대책심의위원회 심의위원이 가해학생에 대한 조치 의결 시에는 보통 조치별 적용 세부 기준에 따르게 됩니다.

　학교폭력의 심각성, 지속성, 고의성, 가해학생의 반성 정도, 화해 정도를 판단하며, 부가적 판단 요소로는 가해학생의 선도 가능성과 피해학생이 장애 학생인지 여부도 확인을 합니다.

　위 사안에서 다루고 있는 언어폭력도 피해학생의 피해 정도에 따라 조치 결정 수위가 다를 수 있습니다. 또한 심의위원회에 참석하여 진술하는 정도와 심리 상태 등을 고려하게 되지요. 그리고 가해학생은 사안 이후 관계 회복을 위한 노력 등 복합적인 요소를 고려한 조치를 합니다. 하지만 피해를 입은 학생 및 보호자는 상대 학생에 대한 조치가 못마땅하리라 생각할 수도 있습니다.

　아쉽게도 심의위원회의 조치 의결에 만족하는 학생 및 보호자는 거의 보기 드뭅니다. 위의 경우처럼 언어폭력과 같은 사안은 사안 초기에 관계 회복을 위해 노력하는 것이 바람직합니다. 자녀의 성장과 행복한 학교생활을 위해서는 전문가로 구성된 화해중재단을 통해 두 학생 간 약속 이행 및 화해 등 교육적 방법을 추천해 봅니다.

조 변호사님의 법률 조언

　학교폭력예방법에서는 '피해학생의 보호, 가해학생의 선도·교육 및 피해학생과 가해학생 간의 분쟁조정을 통하여 학생의 인권을 보호하고, 학생을 건전한 사회 구성원으로 육성한다'는 내용을 법의 취지로 명시하고 있습니다.

　경우에 따라서는 단호하고 엄정한 조치가 불가피한 경우가 있는 반면에, 교육과 선도를 통해서도 재발 방지가 가능할 것으로 판단되는 경우에는 비교적 경한 조치가 내려질 수도 있는 것이지요. 그리고 법원은 (서울행정법원 2022. 1. 14. 선고 2021구합57155 판결 및 2022. 1. 11. 선고 의정부지방법원 2020구합14040 판결을 비롯하여 다수의 판례를 통하여) 이러한 심의위원회 조치를 가능한 존중하도록 판시하고 있습니다.

난 어른이고, 넌 학생이야

 학교폭력이라고 하면 대개 학생들 간의 이런저런 물리적 다툼을 떠올리게 된다. 하지만 법에서 이야기하는 '학교폭력'의 정의는 다음과 같다. '학교 내외에서 학생을 대상으로 발생한 상해, 폭행, 감금, 협박, 약취·유인, 명예 훼손·모욕, 공갈, 강요·강제적인 심부름 및 성폭력, 따돌림, 사이버 폭력 등에 의하여 신체·정신 또는 재산상의 피해를 수반하는 행위'가 학교폭력인 것이다.
 여기서 '학생을 대상으로'라는 말에 주목해 보자. 피해자가 학생이라면, 가해자가 학생이 아닌 경우에도 '학교폭력'으로 사안을 심의하게 되는 것이다.

 중학교 여학생이 성희롱 피해를 당해 사안이 접수되었다. 가해자는 이 학생이 다니는 학원의 직원이었다.
 피해학생이 재학 중인 학교에서는 사안을 인지하고 교육지원청 보고 및 경찰 신고 등을 진행해 주었다. 가해자가 성인이고, 확인서 작성 등이 되지 않아 학교에서는 피해학생에게만 확인서를 받을 수 있었고 사안을 정리하여 보고했다.
 학교폭력의 가해자가 성인일 경우에는 본인이 동의하면 심의에도 출석하고 진술도 할 수 있지만, 이를 거부할 경우 강제할 방법은 없다. 변명이라도 듣고 싶은 마음도 있지만, 아예 나타나지 않으니 그 속을 알 수 없는 것이다. 아마 뒤늦게나마 본인의 잘못된 행동을 부끄러워하는 마음일 것이라고, 그렇게 생각이라도 해야 할 것이다. 또한 학교폭력대책심의위원회에서의 조치처분은 학생을 대상으로 한 것들이기 때문에 가해자에 대한 선도 조치는 따로 결정되지 않는다. 하지만 피해자는 학생이므로 피해학생 보호를 위한 조치처분이 결정, 통보된다. 가해자를 처벌하지 못하는데 무슨 소용이냐고 생각할 수도 있겠지만, 피해학생에게 보호 조치를 내려줌으로써 심리 상담이나 필요한 경우 치료 등을 받을 수 있게 하고, 그 비용을 학교안전공제회를 통해 보전받게 할 수 있는 효과가 있는 것이다.

이 사안도 피해학생을 대상으로 심의가 안내되었다. 하지만 성과 관련된 사안인 경우, 피해학생이 학교와 경찰에서도 조사를 받았는데 심의위원회에 출석하여 잘 모르는 사람들 앞에서 본인의 피해를 반복하여 진술하는 것을 꺼리는 경우가 종종 있다. 이 학생 역시 서면 진술서로 출석을 대신하고 싶다는 의사를 밝혀, 학교에서 보고된 내용을 바탕으로 심의가 진행되었다.

피해 측이 학생, 가해 측이 성인인 경우를 이야기해 보았지만, 만일 거꾸로라면 어떨까. 즉 가해 측이 학생이고, 피해 측이 성인인 경우를 생각해 볼 수 있을 것이고, 실제로 이런 경우가 자주 발생하고 있다. 이 경우 '학생을 대상으로 발생한' 것이 아니어서 학교폭력대책심의위원회의 심의 대상으로는 보지 않는다. 학교에서도 따로 교육지원청에 보고하지 않는다. 경찰에 신고하여 민·형사상 조치가 있을 수 있지만, 교육지원청의 업무에는 해당하지 않는 것이다. 다만 사안에 따라 학생의 소속 학교에서 생활교육위원회를 열어 선도 처분을 내릴 수는 있을 것이다.

위에서처럼 성과 관련한 사안도 있을 수 있고, 학생을 대상으로 한 폭력 사안이나, 온라인에서의 명예 훼손 게시물 게재 등 가해 측이 성인으로 명시된 다양한 유형의 학교폭력 사안이 접수되고 있다.

국어사전에 어른은 '다 자란 사람. 또는 다 자라서 자기 일에 책임을 질 수 있는 사람'이라고 되어 있다. 하지만 나이만 먹는다고, 어른이라고 다 같은 어른이 아니다. 어린 학생을 대상으로 폭력을 포함한 여러 방법으로 본인의 감정을 푸는 대상으로 여기는 어른이라면 그냥 쓸데없이 나이만 먹은 사람일 뿐이다. 어른다운 어른이 갈수록 사라지는 시대가 되는 것 같다. 스스로 모범을 보이는 그런 어른이 보고 싶고, 부족하지만 나도 그런 어른이 되어야겠다.

 김 팀장님의 사안 관련 팁

학교폭력 사안에 대해 한쪽이 성인이라면 학교에서는 매우 난감할 수 있습니다.

피해자가 학생이라면 위 사례처럼 학교폭력예방법의 절차대로 이행하면 될 것이며, 다만 가해 관련 성인은 조치가 내려지지 않는 것으로 하면 됩니다.

피, 가해자 모두 학생이 아니라면 선도 및 보호 조치가 불가하므로 이 경우 사안 처리를 할 필요가 없습니다.

조 변호사님의 법률 조언

학교폭력예방법에서는 학교폭력의 정의에 대하여 '학교 내외에서 학생을 대상으로'라고 명시하고 있어 피해학생이 학생인 경우라면 가해자가 성인이어도 학교폭력대책심의위원회를 개최할 수 있습니다.

반대로 가해자가 학생이고 피해자가 성인인 경우, 사건은 학교폭력이 아닌 민·형사 사건 절차가 진행될 수도 있습니다. 경미한 사안의 경우 미성년자인 가해학생에게 무거운 처벌이 내려지지 않는 경우가 많지만, 만 14세가 지난 학생의 경우 성인과 같이 처벌을 받을 수도 있다는 사실을 간과해서는 안 되겠지요.

〈관련 조문〉
「형법」
제9조(형사미성년자) 14세 되지 아니한 자의 행위는 벌하지 아니한다.

너의 이름은

'날씨의 아이', '스즈메의 문단속' 등으로 유명한 일본 애니메이션 감독 신카이 마코토 감독의 영화 중 '너의 이름은'이라는 작품이 있다.

도쿄에 사는 소년 타키와 이토모리라는 시골에 사는 소녀 마츠하는 서로의 몸이 바뀌는 신비한 경험을 하게 된다. 이 애니메이션에서 두 주인공은 뒤바뀐 서로를 찾아가면서, 이토모리 마을에 천 년 만에 찾아온다는 혜성이 떨어져 마을 사람들이 대부분 죽게 되는 비극을 막게 된다. 결말 부분에서 두 주인공은 서로를 기억하지 못하는 채로 몇 년의 시간이 흐른 뒤 우연히 마주하게 되는데, 그때 어딘가 익숙한 서로의 모습에 '너의 이름은?' 하고 물으며 영화는 끝난다.

사람은 누구나 이름을 가지고 있고, 그 사람에 대한 여러 기억은 이름으로 대표되는 경우가 많다. 이름은 대개 아이가 태어난 직후 부모님을 중심으로 한 가족 중 어른이 지어주는 것으로, 자신이 이름을 선택하는 경우는 많지 않을 것이다. 이렇게 소중한 이름이지만 어린 시절에는 서로 이름을 가지고 장난을 치거나 놀리기도 하는데, 이름이 학교폭력 사안의 주요 내용이 되는 경우가 있다.

초등학교 남학생 간 이름을 이용해 놀리는 행동을 했다는 내용으로 학교폭력 사안이 접수되었다. 사실 이런 일은 어린 학생 간 자주 있는 일이어서 '뭐 이런 걸 가지고 학교폭력이라고 할까' 싶을 수도 있다. 대개 서로 잠깐 그런 행동을 하고 마는 경우가 많아서 '애들끼리 그럴 수 있지' 하고 넘어가곤 하지만 이 사안은 가해학생 여럿이서 피해학생을 지속적으로 놀려서 정신적으로 피해가 큰 것으로 보였다.

심의실에 들어선 피해학생과 보호자 역시 이런 점을 호소하였다. 이름을 시작으로 한 놀림은 조금씩 짓궂어져서, 학생이 무슨 행동을 하든 가해학생들이 놀리거나 따돌리는 행동이 지속된 것으로 보였다. 학교 측에서 제출한 자료에도 이런 상황이 제출되어 있었다. 하지만 가해학생들과 보호자는 그러한 자신들의 잘못된 행동이 있었음을 인정하면서도 어디까지나 장난이었음을 강조하고 있었다.

장난과 폭력의 경계는 모호하면서도 분명한 면이 있다. 모두가 즐거우면 장난이겠지만, 어느 한 명이라도 불편해하고 피해를 호소하게 되면 그 장난은 더 이상 하면 안 되는 폭력으로 변하게 되는 것이다. 이 사안도 처음에는 초등학생 아이들의 흔한 장난이었을 것으로 보였다. 생각해 보면 나도 그렇고, 주변의 수많은 어른들 역시 그런 장난을 치거나 당하면서 어린 시절을 보냈을 것이다. 이름이나 성을 가지고 비슷한 발음의 동물이나 사물에 빗대면서 놀리기도 하고, 놀림받기도 한 기억이 있지 않을까 싶다. 대개 장난으로 생각하면서 그런 행동을 하면서 잊혀지고, 그렇게 어른이 되어 가지만 누군가에게 이런 행동은 큰 상처가 되는 것이다.

가해학생들은 자신의 행동이 장난이라는 점을 이야기하면서도 다행히 상대 학생이 피해를 입은 점에 대해 사과하고 있었고, 다시는 그런 행동을 하지 않겠다고 반성했다. 피해학생 측도 아직은 사과를 온전히 받아들이기는 어렵지만 어린 학생들의 장난에서 이런 행동이 시작되었을 것이라는 점을 조금은 이해해 주는 모습이었다. 하지만 어쨌든 정신적 피해가 인정되었고 이에 맞는 조치처분이 내려졌으니, 장난과 폭력의 경계에서 적절히 자신의 행동을 조절하며 상대의 마음을 생각하는 학생으로 커 나가면 좋겠다는 생각을 해 보게 되었다.

  아이가 생기면 부모는 한동안 어떤 이름을 지어주어야 할까 행복한 고민에 빠지게 된다. 부르고 듣기 좋은 이름, 그러면서도 의미가 있는 이름, 요즘은 우리말과 영어식 이름 모두에 어울리는 이름도 인기라고 들었다. 아기는 자기 이름을 인식하면서 상대와의 관계, 그리고 세상을 알아나가게 된다. 어느 누구보다 사랑하는 자녀를 위해 고민하고 또 고민하여 지은 이름을 서로 예쁘게 불러주고 기억하는 학생들이 되길. 무엇보다 자기 이름부터 소중하게 생각하는 사람이 되었으면 좋겠다.

 ## 김 팀장님의 사안 관련 팁

  학교폭력의 정의를 살펴보면 '학교 내외에서 학생을 대상으로 발생'한 사안을 말하는데, 이는 '신체·정신 또는 재산상의 피해를 수반하는 행위'입니다.
  이름을 가지고 놀리는 것은 대개 1회성으로, 놀렸다고 학교폭력으로 신고되는 경우는 드뭅니다. 대개 피해학생은 그만하라고 이야기를 하는데도 불구하고 가해자가 무시하고 행동하는 경우가 대부분이지요. 학교폭력 심의 의결 시 피해학생이 그만 멈추라고 했음에도 멈추지 않고 행동한 경우 가해자에게 교육적 조치가 보통 내려집니다. 이 점을 감안한다면 이름을 놀리는 것이 학교폭력으로 인정된다는 것은 가해 정도가 지나쳐 멈추라는 말을 했는데도 멈추지 않고 지속적으로 놀린 정도가 심각했기 때문일 것입니다. 아무리 친한 사이라고 하더라도 선을 넘는 표현을 하면 안 됩니다. 상대가 멈추라면 멈춰야 학교폭력으로부터 벗어날 수 있습니다.

 조 변호사님의 법률 조언

학교폭력의 유형 중에 '언어폭력'이라는 유형이 있습니다. '언어폭력'은 신체폭력과는 달리 형법에 처벌 규정이 있는 범죄 행위는 아니지만 학교폭력으로 인정되는 특유의 유형이라고 할 수 있습니다.

법원의 언어폭력의 판단 기준은 이전보다 엄격해진 양상을 알 수 있는데, 피해학생이 그만할 것을 요청했음에도 지속적으로 놀리고 조롱한다면, 언어폭력의 수위가 높지 않더라도 학교폭력으로 인정되는 사례가 많습니다. 가장 흔한 변명인 '장난'이었다는 이야기는 법원에서도, 심의위원회에서도 쉬이 받아주지 않는다는 사실, 알고 계셨나요?

대안은요?

학생 수만큼이나 다양한 교육에 대한 요구를 기존 공교육이 모두 받아들여 교육과정을 운영하는 것은 어려운 일이다. 이에 기존 공교육 방식과 다른 교육 과정을 택하여, 여러 교육 이념을 바탕으로 다양한 교육을 실시하고 있는 곳들이 있다. 흔히 '대안교육' 혹은 '대안학교'로 불리는 곳들이다.

'대안교육기관에 관한 법률'이 2021년 1월 21일 제정되어 22년 1월 13일 자로 시행되고 있다. 법률상 '대안교육'이란 '개인적 특성과 필요에 맞는 다양한 교육내용 및 교육방법을 통하여 개개인의 소질과 적성 개발을 목적으로 하는 학습자 중심의 교육'을 말한다. 대안교육과 관련해서는 먼저 세 가지 용어에 대한 이해가 필요하다.

먼저 '대안학교'는 '각종학교의 한 형태로, 학업을 중단하거나 개인적 특성에 맞는 교육을 받으려는 학생을 대상으로 현장 실습 등 체험 위주의 교육, 인성 위주의 교육 또는 개인의 소질과 적성 개발 위주의 교육 등 다양한 교육을 하는 학교'를 말하고, 학력이 인정된다. 다음으로 '대안교육기관'은 '초중등교육법 제4조에 따른 인가를 받지 않고, 대안교육기관에 관한 법률에 따라 교육감에게 등록하여 대안교육을 실시하는 시설이나 법인 또는 단체'를 말하며 학력은 미인정된다. 끝으로 '미등록 대안교육시설'은 '초중등교육법 제4조에 따른 인가를 받지 아니하고 대안교육기관에 관한 법률에 따라 교육감에게 등록하지 않고 대안교육을 실시하는 시설이나 법인 또는 단체'를 말하며 역시 학력이 미인정된다. '대안교육'을 받는다고 할 때, 이 세 가지 경우 중 어느 곳에서 교육 과정을 이수하고 있는지 확인이 필요하다.

간혹 자녀가 대안교육을 받고 있는 중인데 학교폭력 피해를 받게 되었다며 문의를 하고 싶다는 연락이 오곤 한다. 대안학교에 재학 중일 경우는 해당 학교에서 학교폭력 사안과 관련한 안내나 처리를 도울 수 있기 때문에, 이와 같은 문의는 대안교육기관이나 미등록 대안교육시설에서 대안교육을 받고 있는 학생일 경우가 많다. 현재 지침상 피해학생이 초중등교육법상의 학교에 재학 중이거나, 대안교육기관에 재학 중이면서 원적교 유예 중인 경우 학교폭력 사안 처리가 가능하며 원적교에서 사안 처리를 진행하는 것으로 되어 있다. 다만 피해학생이 대안교육기관에 재학 중이면서 원적교에서 면제나 자퇴한 경우 학교폭력 사안 처리 대상이 아니다. 또한 대안교육기관은 소속 학생들의 보호, 선도, 교육을 위하여 학칙에서 정하는 바에 따라 학생을 지도할 수 있다는 내용도 지침에 포함되어 있다.

중학교까지는 의무 교육인 점을 생각해 볼 때, 일단 원적교 배정을 받은 이후 유예 처리되어 대안교육을 받고 있는 경우가 많다. 하지만 고등학교 과정인 경우 자퇴하여 학적에 남아 있지 않은 상태에서 대안교육을 받곤 한다. 이에 중학생까지는 학교폭력 사안이 발생할 경우 원적교에서 처리하는 것으로 안내하고 있다.

지침은 이렇지만 실제로 초, 중학교에서 대안교육을 받고 있는 학생에 대해 사안이 접수되었을 경우 학교에서는 교육지원청에 대해 원망 섞인 어려움을 전하곤 한다. 유예 중인 학생이어서 학교에서는 얼굴 한 번 본 적 없는 아이인데, 단지 그 아이의 원적교라는 이유로 뜬금없이 사안 처리 진행을 위해 학교폭력 관련 내용을 파악하여 심의를 요청하고, 조치 결정 이후에도 마무리까지 진행 또는 협조를 요청해야 한다는 것이 당연히 부담스러운 것이다.

다행히(?) 이 부담은 학교뿐 아니라 관련 학생들에게도 마찬가지다. 학교에 다니지도 않아서 이야기 한 번 나눠본 적 없는 선생님에게서 연락이 오고, 확인서를 작성하여 제출하는 등 어려움이 있는 것이다. 그래서인지 간혹 대안교육을 받는 아이인데 학교폭력에 관련되었다며 문의는 오지만 실제로 심의 과정이 진행되는 경우는 많지 않은 것 같다.

대안교육을 받는 아이들도 다른 친구들과 지내다 보면 다투고, 화해하면서 성장한다. 이 아이들을 위한 교육적 조치는 당연히 함께 지켜보며 가르치는 선생님들이 가장 잘할 수 있지 않을까. 미등록 대안교육시설은 말 그대로 '미등록'이어서 현황 파악조치도 어려운 경우가 있으니 현실적으로 어렵겠지만, 적어도 교육청에 등록하여 운영되는 대안교육 기관까지는 학교폭력 사안 처리를 할 수 있도록 해야 되지 않을까 하는 생각을 해 본다.

 김 팀장님의 사안 관련 팁

대안학교 중 각종학교로서 학력이 인정되는 학교는 일반 학교처럼 절차를 진행하면 됩니다. 그러나 미인가 대안교육기관의 경우 우선 사안 접수된 대상이 학생 신분인지 여부를 살펴봐야 합니다. 미인가 대안학교에 재학 중이라 하더라도 원적교에서 자퇴, 유예, 퇴학했는지 확인이 필요합니다.

보통 초, 중학교 나이의 학생은 의무 교육이므로 아마도 위에서 설명하였듯이 유예 중일 가능성이 높습니다. 이럴 때는 원적교에서 학교폭력예방법에 의해 절차를 진행하면 됩니다.

미인가 대안학교 중 교육 기관에 등록을 하지 않고 운영되는 기관에서 사안 접수되는 경우, 관련 학생은 대부분 자퇴나 퇴학처리된 학생일 경우가 많습니다. 이 경우 학생 신분이 아니므로 학교폭력예방법에 적용받지 않아 경찰에 신고하여 사안을 처리해야 함이 옳을 것입니다.

 조 변호사님의 법률 조언

학교폭력예방법은 형법, 민법 등과는 달리 그 역사가 길지 않아 입법 불비(不備)의 영역이 존재합니다. 미등록 대안교육시설의 경우 교육 철학과 교육 과정의 고유성을 유지하고자 인가 요건이 됨에도 미등록 체제를 유지하는 경우도 있는데요, 이 경우 제도적 개입에서는 자유로울 수 있으나 학교폭력 사안 발생 시 교육청으로부터 지원을 받기 힘든 부분이 발생하기도 하지요.

〈관련 조문〉

「대안교육기관에 관한 법률」

2. "대안교육기관"이란 「초·중등교육법」 제4조에 따른 인가를 받지 아니하고 이 법 제5조에 따라 등록하여 대안교육을 실시하는 시설·법인 또는 단체(이하 "시설 등"이라 한다)를 말한다.

머리부터 발끝까지 다 사랑스러워

학교폭력 업무를 하다 보면 화가 나 있거나, 우울한 모습의 학부모와 학생들을 많이 보게 된다. 그런 학생들을 보며 나 역시 우울해지지 않기 위해 될 수 있으면 감정 이입을 하지 않으려 노력하고 있다. 실제로 학교는 물론 교육지원청에서 학교폭력 업무를 담당하는 선생님이나 장학사들이 건강을 해친다거나 정신 상담을 받는 경우도 종종 있어서, 안타까운 마음이다.

하지만 심의를 위해 출석하는 학생들 중 초등학교 저학년 아이들은 학교폭력에 관련되었는데도 간혹 너무 밝거나 귀여운 모습을 보여주는 경우도 있다.

초등학교 2학년 아이들 간의 학교폭력 심의가 있던 날이었다.

'안녕하세요~' 하며 배꼽 폴더 인사를 하는 귀여운 모습에서 나뿐 아니라 심의위원들의 웃음이 터졌다. 학교폭력 피해를 입었다는 내용으로 접수된 학생이었고, 제출된 자료와 관련하여 학교폭력 피, 가해 내용에 대해 물어보았지만 잘 기억하지 못했다. 학교에서 학교폭력 사안 발생 이후 접수를 거쳐 심의까지는 아무리 못해도 한 달, 길면 두 달 이상도 걸리게 된다. 어른들이라고 해도 어제 점심 때 뭘 먹었는지 기억이 가물가물한데, 아이들, 특히 초등학교 저학년 아이들이 두어 달 지난 사안에 대해 잘 기억하는 경우는 거의 없다. 조사 과정도 힘이 많이 든다. 학생 확인서에 본인이 뭘 썼는지 내용을 떠나 자기가 쓴 글씨도 못 알아보는 일이 비일비재하다. 때로는 사안 발생 접수가 되고 심의가 열리게 되는 시간 동안 아이들이 서로 관계를 회복하고 '절친'이 되기도 한다. 못난 부모들만 학교폭력 사실에 매몰되어 있고, 정작 아이들은 잘 크고 있는 것이다.

해당 심의에서 학부모는 '우리 아이'가 입은 학교폭력에 대해 몸을 부르르 떨어가며 호소하고 있었다. 상대 아이가 우리 아이 허벅지를 때렸다고 이야기하자, 옆에 있던 아이가 해맑은 표정으로 물었다. "엄마, 엄마~, 근데 허벅지가 어디야?"

이쯤 되면 이 심의를 열기 위해 학교에서 받았을 스트레스, 내가 준비하느라 보낸 시간, 심의위원들에게 나갈 수당 등이 머리에 맴돈다. 말 그대로 행정력 낭비다.

초등학교 저학년 아이들이 크는 과정에서 있었던 사소한 일까지 학교를 거쳐 교육지원청에 들고 와서는 우리 애는 잘못한 게 없고, 상대방 애가 얼마나 나쁜 애인지, 목에 핏대를 세우면서 '진정한 사과'를 받아야만 하겠다는 부모들을 보는 것은 매번 마음 편한 일이 아니다.

서로간의 피, 가해로 접수된 초등학교 2학년 아이들은 그렇게 밝은 모습으로 진술을 마쳤고, 심지어 친구를 기다렸다가 같이 가면 좋겠다고 보호자에게 이야기하는 뒷모습을 보았다.

대개 초등학교 저학년 사안은 아이들 싸움이라기보다 부모들 싸움인 경우가 많다. 그것도 양측에서 제출한 증거라고 해 봐야 '우리 애가 맞았다고 이야기합니다. 우리 애는 거짓말 못 하는 아이예요.' 정도 수준이어서 증거 능력이 없는 경우가 종종 있다. 이 경우 학교폭력으로 인정받지 못하거나, 초등학교 저학년임을 고려하여 가장 낮은 수준의 처분으로 결정되곤 한다.

아이들은 머리부터 발끝까지 다 사랑스럽기만 한데, 그 사랑스런 아이들을 굳이 학교폭력으로 꾸역꾸역 밀고 들어가는 부모들을 보면 안타깝기만 하다. 학교폭력에 대해서는 엄정한 처벌이 필요한 경우도 있겠지만 특히 초등학교 저학년에 대해서는 다른 방법을 찾았으면 좋겠다. 이 예쁜 아이들의 마음이 더 다치지 않도록.

김 팀장님의 사안 관련 팁

초등학교 저학년 학교폭력 사안 처리가 사실 가장 힘든 부분입니다. 학생 간 경미한 사안이거나 담임 선생님의 지도로 학생 간 갈등 문제가 잘 해결되었어도, 가정에서 오히려 사안을 더 증폭시켜 부모님 간 갈등으로 더 번지는 경우가 부지기수입니다. 이때 담임 선생님과 책임 교사의 대처에 대해 불신하거나, 간혹 업무 처리 절차를 미준수하는 경우, 사안의 본질을 넘어 아동학대로 신고하거나 학교장에게 불똥이 튀는 경우도 있습니다.

초등 저학년의 경우는 매년 실시되는 학교폭력 실태 조사 대상에서도 포함되지 않습니다. 그만큼 학교폭력에 대한 인지가 미숙하다고 생각하고 있는 것이지요. 대개 저학년 학교폭력 사안은 충분히 학급 내 담임 선생님과 학부모 간 대화로 해결할 수 있습니다. 만일 대화의 중재 역할이 필요하면 학교 내 관계 회복 프로그램이나 전문 상담사의 도움을 얻었으면 합니다. 이마저도 신뢰성 및 객관성, 중립성을 의심한다면 교육지원청 내 위센터 전문 상담사에게 도움을 요청하거나, 화해중재를 신청하는 것을 권장합니다.

조 변호사님의 법률 조언

학교폭력 사건이 한 번 접수가 되고 나면, 학교장자체 해결로 중간에 극적인 화해가 이루어지지 않는 이상 필연적으로 심의위원회 출석 가능성이 생깁니다. 멈출 수 없게 되는 것이지요.

심의위원회 회의 절차는 법원에서의 재판과는 다른 절차이지만 실질에 있어서는 꽤 모습이 닮아 있습니다. 당사자들이 출석하고, 심의위원분들의 질문에 답하면서 본인의 입장을 주장해야 하고, 위원장님의 결정을 기다려야 하기 때문입니다.

심의위원회 절차가 진행되고 가해학생의 징계 조치로 사건이 막을 내리면 피해학생은 행복해질 것 같지만 항상 그런 것만은 아닙니다. 재판과 같은 심의위원회에 출석해서 심의위원분들에게 둘러싸여 오랜 시간 질문에 답을 해야 하고 더러는 눈물을 보이기도 합니다. 하지만 종종 부모님들의 감정싸움으로 번지는 경우 이러한 학생들의 감정은 도외시되기도 하지요. 제일 중요한 것은 감정싸움에서 이기는 것이 아니라 우리 아이들에게 평생 남을 수도 있는 상처를 최소화하는 것이 아닐까 싶습니다.

〈관련 조문〉
「학교폭력예방 및 대책에 관한 법률」

제12조제2항

심의위원회는 학교폭력의 예방 및 대책 등을 위하여 다음 각 호의 사항을 심의한다.

1. 학교폭력의 예방 및 대책
2. 피해학생의 보호
3. 가해학생에 대한 교육, 선도 및 징계
4. 피해학생과 가해학생 간의 분쟁조정
5. 그 밖에 대통령령으로 정하는 사항

성난 사람들

'성난 사람들'은 일이 잘 풀리지 않는 도급업자와 자신의 삶에 만족하지 못하는 사업가 간에 난폭 운전 사건이 벌어지면서, 그들의 마음 속 분노를 자극하는 갈등을 다루고 있는 미국 드라마다. 주인공인 한국계 미국인 스티브 연 등이 각종 상을 수상했으며, 현대 사회를 살아가는 사람들 사이에 퍼져 있는 스트레스와 분노를 풍자하고 있다고 한다. 굳이 이 드라마를 들지 않더라도 우리 주위를 보면 평소에도 화가 나 있는 사람들이 많은 것 같고, 학교폭력 업무를 다루는 부서라면 더더욱 그런 경험을 하게 된다.

전날 저녁부터 몸이 좀 안 좋은 느낌이다. 아무래도 감기에 걸린 것 같다. 코로나 이후 아프면 쉬라고들 하지만 약간의 기침 외에 별 증상이 없는데 병가를 내는 건 부담스럽다. 해야 할 일도 많다. 부시런히 출근해 따뜻한 차를 한 잔 준비하고 마시려고 자리에 앉자마자, 따르르르릉~ 전화벨이 울린다.
"감사합니다, ○○교육지원청 장학사~" 채 말이 끝나기도 전에 "학폭 문의하려고 전화했습니다."라는 목소리가 들린다. '가만…. 내가 며칠 전 조치결정 통보서를 보냈더라', 생각하면서 몇 호 사안인지, 어느 학생 학부모인지 물어본다. 학교폭력 피해를 입은 걸로 인정되어 피해학생 보호조치가 나간 중학생의 어머니라고 한다. 대개 조치결정 통보에 불만을 가진 쪽은 가해학생 쪽이고, 피해학생 쪽은 자신의 조치 결정에 대한 간단한 문의 정도인 경우가 많은데 전화상 목소리에는 불만이 가득하다.

"어머니, 무슨 일 때문에 전화하셨을까요?"

"조치결정 통보서의 조치결정 이유에 이의가 있어 전화했어요. 상대 아이가 우리 아이 물건을 허락 없이 가져갔다고 따로 말씀드리기도 했는데 왜 그냥 '임의로 가져갔다'고만 써 있나요?"

이런…. 학교폭력을 인정하는 조치결정 통보서에 '물건을 가져갔다'라는 사실이 가해 사실로 인정되었다면, 아무려면 그게 물건 주인의 허락을 받아서 가져갔다는 의미로 그렇게 써 있다고 볼 사람이 있다고 생각하는 걸까. 그리고 '임의로'나 '허락 없이'나 비슷한 의미가 아닌가. 게다가 학교폭력은 가해 쪽도 있지만 피해 쪽도 있는데 한쪽의 주장이나 요구 사항을 다 반영할 수는 없는 노릇이다. 본인이 '허락 없이'를 포함하여 상대 아이에 대한 조치 사항 등 여러 요구 사항을 심의위원들에게 강조해서 이야기했다고 해도 심의에서는 여러 제반 사항을 살펴보고 결정을 내리게 된다는 걸, 나도 이야기하지 않았던가. 왜 자기 이야기는 반영이 되어야 하고, 교육청의 이야기는 흘려들어도 된다고 생각하는 걸까.

상대측 가해 아이에 대해 서면 사과와 접촉 및 협박 금지 조치가 내려진 것도 불만스러워 하길래 이유를 물었다.

"서면 사과요? 대충 미안하다고 쓰고서 마무리할 텐데 어떻게 그걸 믿을 수 있어요? 그리고 우리 아이와 그쪽 아이가 상급 학년으로 진급하게 되면 그 학교는 그리 크지 않아서 어차피 학교에서 만날 텐데 어떻게 이게 접촉 금지가 될 수 있겠어요? 그 학교 가 봤어요? 구조 알아요? 네?"

학교폭력 가해학생이 물론 밉겠지만 서면 사과를 대충 할 거라고 생각하는 건 가정일 뿐이다. 가해학생이 자신의 행동을 진지하게 살펴보고 반성하는 사과문을 작성하는 경우도 종종 있다. 그 아이는 그럴 애가 아니라고 할 수도 있겠지만 사람 속을 다 알기는 어렵다. 부모라도 자식 속을 잘 모르기 때문에 이렇게 학교폭력 사안으로 심의까지 하는 것 아닌가. 그리고 피해학생 측에서야 가해학생을 다시는 보지 않게 해 달라고 하는 마음을 가질 수 있다는 걸 이해는 하지만, 가해 행동을 했다고 해서 무조건 학교를 다니지 못하게 하는 건 어려운 일이다. 그래서 사안의 내용이 크지 않은 경우 자신의 행동을 돌아보고 상대방에게 의사를 전해 앞으로 추가 사안이 발생하지 않도록 교육적 의도에서 서면 사과 조치가 나가는 경우가 종종 있다. 물론 피해학생 측의 염려대로 서면 사과를 대충 하는 바람에 오히려 더 화가 나게 하는 경우도 있다지만, 학교를 계속 다녀야 하는 학생들이기에 취해지는 교육적 조치의 하나라는 것을 알 필요가 있다. 또한 학교폭력 업무를 하면서 사안이 복잡하거나 추가로 확인이 필요할 경우 디리 학교를 방문하는 경우도 있지만, 학교폭력 사안을 접수하는 모든 학교를 방문하기는 어렵다. 장학사라고 해서 어느 학교가 몇 층에 몇 학년 교실이 몇 개 있는지를 모두 알 수는 없는 노릇이다. 학교는 학년도가 바뀌면 학교 사정에 따라 학급이나 특별실 위치를 바꾸기 마련인데 이걸 어떻게 모두 파악할 수가 있을까.

이런저런 설명과 함께 정 조치에 불복할 경우 행정심판과 행정소송이 있음을 안내한다. 그랬더니 행정심판과 행정소송을 담당하는 곳은 교육지원청보다 상급 기관인지 묻는다. 민원인들은 자신의 요구 사항이 받아들여지지 않을 경우 상급 기관을 찾는 경우가 많다. 대통령실을 알려 주면 유엔으로 향하려나 싶기도 하다. 행정소송을 진행하는 법원은 교육청과 별개 기관이고, 행정심판은 도교육청에 위원회가 있으니 학교폭력 심의와 불복은 업무상 다른 성격이 있지만 상급 기관이라고 볼 수도 있겠다고 이야기해 준다.

반복적인 이야기를 나누다 보니 20여 분 가까이 통화가 이어지던 중, 뜬금없이 상대방이 "장학사님, 사안 제대로 본 거 맞아요? 하는 일이 뭡니까?"라고 말한다. 형식적으로 존대를 쓸 뿐, "내 요구를 다 들어주지도 않으면서, 너 똑바로 안 해?"라는 의미가 담겨 있다는 걸 금방 알 수 있다. "양쪽에서 제출한 여러 자료들 저랑 위원님들 다 살펴보신 거 맞아요. 그리고 이런 일들을 하지요, 학교폭력 관련해서."라고 대답하니 다시 "그런데 장학사님, 나한테 지금 성내는 거예요?"라고 묻는다. 억지에 가까운 이야기를 들어 주는 내내 친절하게 대응하는 건 힘든 일이기도 하고, 어차피 심의가 끝난 상황에서 조치결정 변경 등 통화 상대방이 원하는 대답을 해 줄 수 없다 보니 내 목소리도 그리 좋게 들리지 않았나 보다. 몸이 안 좋기도 했고.

본인은 온갖 짜증과 화를 섞어 가며 이야기를 해도 되고, 행정 기관에서는 처음부터 끝까지 친절하기만 해야 한다는 생각은 어떻게 가질 수 있는 걸까 궁금하다.

마음을 좀 가라앉히고, "성내다니요, 오늘 제가 몸이 좀 안 좋아서 목소리가 그랬나 봅니다." 하고 능청스럽게 대답하고, 다시 불복 절차를 안내하니 퉁명스럽게 전화를 끊는다. 아마 기껏 이렇게 길게 통화해 놓고서는 다시 정보 공개 청구부터 시작해서 불복 절차를 고려할 것 같다. 어쨌든 전화가 마무리되니 주변 직원들이 "아, 나도 저렇게 전화 받아야 하는데~ 너무 굽신거려 봐야 해결도 안 되는데 말이야." 하면서 웃는다.

"나한테 성내는 건가요?"

아, 정말 가끔은 씨워어언하게 성내고 싶기도 하다. 가는 말이 고와야 오는 말이 고운 법이고, 고운 말에 대해서 더 들어주고 싶은 마음이 드는 건 인지상정일 것이다. 목소리가 크다고 이기는 건 아니다. 정말 아니다. 그리고 사실은 나도 성난 것 맞다. 아마 알고 있겠지만.

김 팀장님의 사안 관련 팁

학교폭력 사안 처리에 대해 관련 학생이나 학부모가 학교와 교육지원청의 사소한 발언 하나하나를 문제 삼는 경우가 있습니다.

학교폭력 책임 교사의 1차적인 조사 결과를 토대로 교육지원청 담당 장학사는 사안에 대해 2차로 사실 확인서 및 증빙 서류 등을 검토합니다. 이때 관련 학생과 보호자 측에 맘에 안 드는 문구나 발언이 있다면 상당한 곤욕을 치르는 때가 종종 있습니다. 이때 충분한 설명이 없다면, 의미에 큰 차이가 없음에도 감정이 격해진 보호자들은 예민하게 받아들이기도 합니다. 이때 조치결정은 개인의 의견이 아닌 심의위원회에서 의결한 것으로 이해시켜야 할 것입니다. 그럼에도 화가 나 있는 민원인은 우선 말을 잘 들어주는 것이 필요합니다.

공무원이라는 직책은 아무래도 갑이 아닌 을로 봉사 정신에 입각하여 친절한 안내를 하려는 노력이 필요합니다. 그렇지 않으면 안타깝지만 사안의 본질에서 벗어난 또 다른 업무 과중과 정신적 고통을 더 받는 경우가 많습니다.

 조 변호사님의 법률 조언

학교폭력이 사건화되어 심의위원회로부터 조치가 결정된다고 하더라도 조치를 받은 학생들뿐만 아니라 양측의 부모님들도 역시 절차 진행에 대한 큰 피로감과 부담이 남게 됩니다. 그리고 당연하게도 자신들이 받은 결과에 대해 100% 만족할 수 없겠지요.

교육지원청은 학교폭력 심의위원회를 계획하고 진행하는 역할 외에도, 이렇게 결과나 과정에 불만이 있는 학부모분들의 불만 토로를 받게 됩니다. 당사자 부모님들의 답답한 마음은 이해를 하지만 모두를 만족시키는 결과란 있을 수가 없는 것이지요.

교육지원청은 학교폭력 심의 결과에 대한 불복 절차를 안내할 뿐, 심의위원회 결정을 번복할 권한이 없습니다. 심의위원회 결정은 행정심판 혹은 행정소송을 통해 불복하실 수 있으니, 답답한 마음을 가라앉히고, 교육지원청으로부터 구체적인 절차와 권리 구제 방법에 대한 설명을 듣는 것이 더 현명한 해결 방법이 아닐까요?

〈관련 조문〉

「학교폭력예방 및 대책에 관한 법률」

제17조의2

교육장이 제16조제1항 및 제17조제1항에 따라 내린 조치에 대하여 이의가 있는 피(가)해 학생 또는 그 보호자는 처분이 있음을 알게 된 날로부터 90일 이내, 처분이 있었던 날부터 180일 이내에 「행정심판법」 제27조에 따른 행정심판을 청구할 수 있다.

「행정소송법」

제20조

피(가)해 학생은 처분이 있음을 안 날로부터 90일 이내, 처분이 있은 날로부터 1년 이내에 행정소송법에 따른 행정소송을 제기할 수 있다.

세상에 그런 일이

'세상에 이런 일이'라는 프로그램이 있다. 주변에서 일어나는 신기한 이야기를 취재하여 전해주었는데, 20년이 넘는 시간 동안 방영되었다고 한다. 이쯤 되면 신기한 이야기는 다 나왔을 것 같은데, 매주 몇 개의 에피소드들이 방송된 걸 보면 세상에는 참 희한한 일들이 많은 것 같다.

학교폭력 사안 접수를 하다 보면 학교에 이런 일이 있나 싶은 경우가 종종 있어서, 말 그대로 '어쩜 그런 일이 있단 말이야?'라고 놀라게 된다. 어린 학생들을 대상으로 한 성과 관련된 사안이라든지, 심각한 폭력 사안 등도 있지만, 특이한 사안 내용 때문에 학교와 교육지원청을 어렵게 하는 경우가 여럿 있다.

중학교 여학생들 간 갈등을 담고 있는 사안이 접수되었다. 아무래도 사춘기 또래 여학생들은 서로 친했다가도 작은 갈등으로 멀어지기도 하고, 얼마 있으면 또다시 친해지는 등 감정의 기복을 겪는다. 그러면서 친구를 사귀는 법, 자기 마음을 다독이는 법 등을 배우며 크게 된다.

그런데 이 사안의 경우 피해를 주장하는 학생 쪽이 학교폭력 사안을 여러 차례 접수해 온 것이 특이했다. 초등학교 때부터 다른 내용으로 학교폭력을 접수하고 심의가 이루어진 것 같았다.

학교폭력 피해학생을 보호하고, 가해학생을 적절한 조치를 통해 교육

하는 것은 중요한 교육 활동이다. 이 사안의 경우에는 다른 사안과 달리 교육을 생각하기 전에 색다른 면이 있었는데, 그것은 바로 '합의금'이었다.

몇 년 전부터 이 피해학생 측은 여러 가해학생 측으로부터 합의금을 받아 온 모양이었다. 학교폭력 가해학생으로 지목되면 사안이 크지 않아도 상대방에게 미안하기도 하고, 생활기록부에 기재되는 조치처분을 받아 불이익이 있지는 않을까 하는 마음에 조금이라도 이를 경감받고자 합의금을 전하는 경우가 있다. 물론 얄팍한 목적이 아닌, 정말 진심 어린 사과를 표현하는 한 방법으로 합의금을 건네기도 한다.

이 사안과 지난 사안을 들여다보면 사실 피해 정도가 그리 크지는 않은 것으로 보였다. 하지만 오래 전 사안이기도 하고 보고해야 할 내용도 아닌 탓에 사연은 정확히 알 수 없으나 초등학교 시절 처음 심의를 진행할 때, 가해학생 측이 몇백만 원 단위의 합의금을 전한 것 같았다. 그 이후 몇 건의 학교폭력 사안을 접수하고 심의가 진행되는 과정에서 천만 원 이상의 돈이 합의금 명목으로 전해졌던 모양이었다 이번 사안에서도 피해학생 측은 합의금을 요구하고 있었다.

다만 이번 사안의 경우 지난 몇 건의 사안과 달리 문제가 되는 것은 합의금 지급이 어렵다는 점이었다. 가해학생 측에서 본인들의 잘못을 인정하지 않거나, 사과를 하기 싫어서가 아니었다. 문제는 가해학생들 측의 가정 형편이 어려워서인 것 같았다. 그런 사정을 알면서도 합의금을 요구하고 있었고, 결국 양쪽 간 합의 정도가 잘 되지 않는 것이 반영되어 조치처분이 결정되었다.

학교폭력으로 접수되어 심의가 진행되는 사안의 보호자 중에는 종종 피해학생이든 가해학생이든 합의금이나 조치처분보다 서로의 입장을 이해하고 함께 부모가 된 입장에서 아이들을 잘 보살피는 것이 심의보다 더 중요한 것 같다고 이야기하는 경우가 있다. 하지만 유감스럽게도 실제 심의 과정을 들여다보면 이러한 본인들의 말과 행동이 일치하는 경우는 많지 않다. 그런 좋은 마음이었다면 애초에 사안 접수를 하지 않거나 학교장자체해결로 마무리되었을 것이다.

학교폭력 사안의 내용과 필요에 따라서는 피해를 회복하거나 사과 의사를 전하기 위한 방법으로 어쩔 수 없이 합의금이 오갈 수 있다. 하지만 거칠게 이야기하면 '이쯤 되면 아이를 내세워 돈을 벌려는 의도인가?'라고 생각할 수 있을 정도로 돈을 받아내기 위한 수단으로 학교폭력 심의를 이용하는 것은 아닌지 싶은 사안을 그저 행정적으로 진행해야만 하는 것은 서글픈 일이다.

학교는 그냥 학생과 선생님들이 공부만 하는 곳이 아니다. 정말 다양한 사람들이 모여 다양한 일들을 겪으며 학생들이 자라는 곳이기도 하다. 학교폭력과 관련해서 언론에 여러 사안이 보도되곤 하지만 알려지지 않는 여러 사안들이 많이 있고, 학교폭력 관련 업무는 보람보다 부담이 많은 업무인 것 같다.

'세상에 이런 일이'라는 프로그램이 20년 넘게 장수했다지만 휴식기에 들어간 모양이다. 학교에서 학교폭력을 소재로 '세상에 그런 일이'라며 놀라는 일도 아예 없어지지야 않겠지만, 이제는 조금이라도 줄어들기를, 그래서 정상적인 교육과정이 운영되어 학생들이 좀 더 행복한 학교가 되길 희망해 본다.

김 팀장님의 사안 관련 팁

피해학생으로 자주 심의에 올라온다는 것은 드문 경우입니다. 학교폭력대책심의위원회에서는 피해학생에 대한 보호, 가해학생에 대한 선도 및 교육적 조치를 대부분 의결합니다. 물론, 양측에 대한 합의 조정이 잘 안 될 시 분쟁 조정을 신청하여 적절한 금액을 조정해 줄 수도 있지만 합의금에 관한 분쟁 조정 신청은 거의 없습니다.

합의금은 피해학생에 대한 치료 및 피해에 따른 가해 측의 추가적인 금액을 적절하게 산정하여 상호 합의하에 성사됩니다.

이때 피해 정도에 대한 객관적 증빙 자료를 근거로 삼아 사회적으로 통용될 수 있는 것을 제시하고, 이에 대한 합의를 수용하는 단계를 거쳐야 할 것입니다.

이러한 사항에 문제를 안고 고민이 있다면 주변인 혹은 교육지원청 내 변호사나 담당 장학사에게 조언을 듣는 것도 좋은 방법입니다.

조 변호사님의 법률 조언

학교폭력 사건을 접하다 보면, 때로는 더 큰 다툼을 방지하기 위하여 합의금이 오고 가기도 합니다. 합의금을 주고받는 것은 강제성이 있는 것이 아니라면 문제가 되지는 않습니다.

다만 합의금에 정확한 기준은 존재하지 않습니다. 동일한 사건이라도 당사자들의 의사에 따라 액수는 늘어날 수도, 줄어들 수도 있습니다. 다만, 사회적인 통념에서 보기에 큰 액수의 합의금이 오고 가는 경우라면, 반드시 전문가의 조언을 듣고 진행하시기를 추천드립니다.

〈관련 조문〉
「학교폭력예방 및 대책에 관한 법률」
제18조 분쟁 조정
③ 학교폭력과 관련한 분쟁 조정에는 다음 각 호의 사항을 포함한다.
1. 피해학생과 가해학생 간 또는 그 보호자 간의 손해 배상에 관련된 합의 조정

얼마면 돼

 학교폭력 사안은 일반 폭력 사안에서와 마찬가지로 피해학생과 가해학생 간 '합의'가 조치결정에 영향을 미치는 경우가 종종 있고, 그 '합의'는 '돈'의 문제가 되기도 한다.

 중학교 3학년 남녀 학생 간 사안이 발생하였다. 남학생이 여학생의 신체를 촬영했다는 내용이었는데, 증거 자료로 제출된 것은 다리 아랫부분만 촬영된 한 장의 사진이었다. 하지만 피해학생 측에서는 가해학생이 여러 장을 촬영하였고, 핸드폰을 부숴 증거를 없앴다고 주장하였다. 하지만 가해학생 쪽에서는 사진 촬영은 어쨌든 잘못한 일이라며 반성한다고 하였으나, 제출된 한 장 외에 촬영은 하지 않았다고 주장하고 있었다.
 사안을 들여다보니 심의에 올라오기 전에 두 학생 간 합의금 이야기가 오간 것 같았는데, 액수가 특이했다.
 피해학생 측에서 합의금을 어느 정도 요구하였고, 가해학생 쪽에서도 이를 받아들인 것 같았다. 그런데 다시 피해학생 쪽에서 다시 몇 배를 더 달라고 요구했고 가해학생 쪽에서 다시 이를 받아들였다고 한다. 이 정도 금액만 되어도 사안 내용에 비추어 상당히 큰 액수여서 왜 이런 합의가 진행되었나 살펴보니, 가해학생 쪽에서 예체능 계열 특수목적고 진학을 희망하고 있어 학교폭력 심의 이전 학교장 자체해결로 마무리되거나, 심의에 올라오더라도 생활기록부 기재 유보에 해당하는 조치를 받을 수 있도록 하기 위해 합의금 요구에 응한 것 같았다.

하지만 또다시 피해학생 측에서 합의금을 추가로 요구하였고, 이미 큰돈을 주기로 약속하였지만 놀라워라, 이번에도 가해학생 측에서는 귀중품과 자동차를 팔아서 지불하겠다고 약속한 듯했다. 그런데 피해학생 측이 이에 만족하지 못하고 다시 합의금을 더 요구하였다. 그리고 그 금액은 이미 통상적인 합의금 수준을 한참 넘어 있었다. 이제는 너무 많은 금액이 되었고, 합의를 한다 한들 또다시 추가 합의금을 요구할 수도 있어서 언제까지고 돈을 주겠다고 약속할 수도 없는 노릇이라 결국 가해학생 쪽은 그렇게는 못 드리겠다고 하여 심의에 올라온 상황이었다.

피해학생 쪽에서는 가해학생 쪽이 증거를 없앤 것 같으니, 교육지원청에서 증거를 찾아서 강한 처벌을 해 달라는 입장이었다. 하지만 학생이 부쉈다고 하는 핸드폰을 교육지원청이 무슨 수로 찾을 수 있을 것이며, 기본적으로 수사나 사법 권한이 없어서 그렇게는 하지 못한다고 설명을 했지만 피해학생 쪽에서는 그것도 못 하느냐, 그럴 거면 이런 심의는 왜 하는 거냐며 거세게 항의했다.

결국 학생들 간 진술과 학교에서 제출된 증거 자료를 바탕으로 부족하나마 조치 결정이 통보되었고, 아니나 다를까 통보를 받자마자 피해학생 측 학부모에게서는 조치 결정 내용에 대해 반발하는 전화가 걸어왔다. '당신 딸 같으면 이런 조치를 하겠느냐, 이럴 거면 교육청 심의가 왜 필요하냐'는 고성이 사무실이 떠나갈 듯 길게 이어졌다. 불복 절차에 대해 안내하려고 말을 꺼내려고 하면 '내 이야기 듣고 이야기하라'며 한참 소리를 지르면서도, 중간중간 '내 이야기 잘 듣고 있는 거냐'는 확인도 잊지 않았다.

'가만있지 않겠다'며 전화를 끊었지만 추가로 불복 조치가 없는 걸 보면 조치 결정에 별다른 문제가 없고, 불복해 보아야 별다른 실익이 없음을 확인한 게 아닐까 싶다.

아마 적당한 선에서 합의금 받겠다고 할걸, 돈은 돈대로 못 받고 조치 결정도 원하는 대로 안 나왔다며 후회하고 있을지도 모를 일이다. 그렇게 되었으면 피해학생도, 가해학생도 심의실에 와서 진술하는 힘든 시간을 경험하지 않아도 되었을 일이다.

어른들 사이에서도 그렇지만, 잘못된 행동에 대한 반성과 화해를 위해 돈이 오가는 것은 있을 수도 있는 일이다. 하지만 아이가 입은 피해가 부모 욕심의 방아쇠가 되어서는 안 될 일이다.

김 팀장님의 사안 관련 팁

안타깝지만 학생을 볼모로 학부모가 돈을 받아내려는 의도가 보이는 사안은 종종 있는 일입니다. 특히 성과 관련된 사안에서 이런 경우가 있습니다. 사회에서 통용되는 합의금을 알아볼 필요도 있을 것입니다.

양측 보호자가 자녀에 대한 사랑과 자녀의 장래를 바라보는 관점의 차이로 인해 정작 학생이 치유할 수 없는 큰 상처를 입고 보호자의 원망만 살 뿐인 경우가 있습니다.

언제나 자녀를 우선으로 생각하는 현명한 생각과 행동이 필요하며 전문가에게 상담하는 것이 가장 빠른 길일 것입니다.

조 변호사님의 법률 조언

학교폭력 사건이 발생하면 동일 행위를 두고 행정 절차(학교폭력대책심의위원회), 민사 절차(치료비 등 손해 배상 청구), 형사 절차(신고, 고소) 등이 함께 진행될 수도 있습니다. 보통의 경우 당사자들이 미성년자들이고 경미한 건들이 많기에 민사 절차와 형사 절차는 진행되지 않고 행정 절차로서 학교폭력대책심의위원회가 개최되는 선에서 마무리되는 것이지요.

그러나 간혹, 행위의 죄질이 매우 중하거나 피해학생의 피해가 극심한 경우 민·형사 소송 등으로 이어지기도 하는데요, 이 과정에서 소송까지 가지 않고 마무리하고자 '합의'가 진행되기도 합니다. 때로는 학교폭력대책심의위원회 개최 여부만을 두고도 '합의'가 진행되기도 하지요.

사실 합의금에 정확한 기준은 존재하지 않습니다. 동일한 사건이라도 당사자들의 의사에 따라 액수는 늘어날 수도, 줄어들 수도 있습니다. 다만, 사회적인 통념에서 보기에 큰 액수의 합의금이 오고 가는 경우라면, 반드시 전문가의 조언을 듣고 진행하시기를 추천드립니다.

〈관련 조문〉

「학교폭력예방 및 대책에 관한 법률」

제18조 분쟁 조정

③ 학교폭력과 관련한 분쟁 조정에는 다음 각 호의 사항을 포함한다.

1. 피해학생과 가해학생 간 또는 그 보호자 간의 손해 배상에 관련된 합의 조정

여기서 이러시면 안 됩니다

학교폭력대책심의위원회는 학생을 대상으로 한 폭력 사안에 대해 살펴보고, 조치 결정을 내리게 된다. 그런데 가끔 학교에서 일어난 사안이긴 하지만 학교폭력에 해당하지 않는데도 심의를 요청하는 경우가 있다.

중학교 체육시간 중 축구를 하다가 발생한 사안이 있다. 한 학생이 다른 학생에게 태클이 걸려 넘어져 손목을 다쳐 전치 2주 이상의 부상을 당했다고 학교폭력 사안 접수가 되어 심의를 하게 되었다. 대개 수업 중에 발생한 안전사고는 학교안전공제회에서 치료비 등이 지급되게 되는데 이걸 굳이 학교폭력으로 접수하곤 한다.

심의일에 변호사까지 대동하고 나타난 피해 주장 학생 측은 상대방 학생의 행동으로 인해 손목을 다쳐서 학업은 물론 좋아하는 다른 활동을 못 하게 되었고, 부모가 모두 간호를 하게 되어 직장을 못 나가게 되었으니 생활비를 지급받아야겠다고 목소리를 높였다. 왜 해당 사안을 학교폭력으로 주장하는지 묻는 질문에는 '고의가 아니라면 우리 아이가 이렇게 다칠 리가 없다'는 취지로 진술했다. 다친 정도가 크니 고의일 것이다? 그렇다면 자기가 던진 공을 친 타자의 공에 맞은 투수 등 스포츠 활동에서 볼 수 있는 수많은 부상 선수들은 다 상대 선수가 고의로 한 폭력 행동 때문이라는 걸까.

마침 운동장 쪽을 향한 CCTV에 당시 모습이 찍혀 있었다. 학교폭력 사안은 학생들 간에 일어나는 일이 대다수이고, 서로 간에 주장이 엇갈려서 판단하기 어려운 경우가 많은데 이렇게 CCTV 자료가 있으면 조치 결정에 도움이 된다. CCTV 자료를 보니 체육 수업 도중에 아이들이 노는 모습을 담은 장면이 있었고, 몇 번을 되돌려 봐도 고의라고는 보기 어려웠다. 그리고 이렇게 선생님 지도하에 수업 중 활동을 하다가 다친 걸 학교폭력으로 인정하게 되면 앞으로 이렇게 학교폭력을 주장하는 경우를 염려하게 되어 학생들의 체육 활동은 불가능하게 된다.

학교안전공제회를 통해 치료비를 지원받을 수 있는데 왜 굳이 학교폭력으로 접수한 걸까. 깊은 마음까지 알지는 못하지만 아마 내 아이를 다치게 한 상대 아이에 대한 미움과 함께 치료비를 포함해서 생활비 등 추가로 돈을 받고자 하는 의도가 아니었을까 싶다. 하지만 이 경우 학교폭력으로 인정받지 못했으니 상대방의 선의가 아니고는 생활비를 받기도 어렵고, 오히려 대동했던 변호사비를 몇백만 원 지불해야 했을 것이다.

운동장에서 하는 체육 외에도 창의적 체험활동 시간에 선생님이 학생들에게 술래잡기를 시키던 중 술래가 너무 세게 팔을 휘둘러서 피해를 입었다고 학교폭력을 접수하는 경우도 있다.

학교 교육활동 중 부득이 다치는 경우가 있고, 어쨌든 자녀가 학교에서 상해를 입고 오는 건 안타까운 일이다. 하지만 모든 상해를 학교폭력 피해의 관점에서만 바라보는 것은 적절하지 않다. 치료비를 포함한 보상도 어려워질 수 있고, 사랑하는 자녀가 친구들과 적절히 어울리는 법을 배우지 못하게 된다. 교육활동 중 입은 피해는 학교안전공제회를 우선 생각하는 것이 도움이 되고, 대개 학교에서도 그렇게 안내가 나가게 된다. 학교안전공제회는 그러라고 있는 기관이다. 엉뚱하게 학교폭력대책심의위원회를 요구하는 것은 본인도 손해이고, 불필요한 행정력 낭비가 크다. 정상적인 교육활동 중 다친 일에 대해 교육청에서 학교폭력이라고 주장하면 안 되는 것이다.

 김 팀장님의 사안 관련 팁

학교폭력이 아닌 사안의 예시는 다음과 같습니다.

제3자가 신고한 사안에 대한 조사 결과, 학교폭력이 아니었던 경우(오인 신고)

학교폭력 의심 사안(담임교사 관찰로 인한 학교폭력 징후 발견 등)에 대한 조사 결과, 학교폭력이 아니었던 경우

피해학생(보호자)이 신고한 사안에서 피해학생(보호자)이 오인 신고였음을 스스로 인정하고, 조사 결과 학교폭력이 아니었던 경우

피해학생이 중대한 피해를 입어 학교폭력으로 인정되려면 우선 가해자가 피해학생에 대한 행동에 고의성이 있었는지 여부를 판단해야 할 것입니다. 위 사안은 교육활동 중 발생한 사안으로 통상 학교안전공제회를 통한 치료와 가해학생 보호자 간 치료 및 보상, 상호 합의를 하는 것이 바람직해 보입니다.

조 변호사님의 법률 조언

"걸면 걸리는 것이 학교폭력이다"라는 우스갯소리가 나올 정도로 학교폭력 사안으로 처리할 사안이 아니거나, 아주 경미한 사건들까지도 학교폭력으로 신고를 하는 경우가 종종 있습니다. 물론 자식이 다쳐서 들어온 모습을 보고 가슴 아프지 않을 부모가 어디에 있을까 싶습니다만, 우리 법원은 학교 안에서 발생하는 모든 일들에 대하여 학교폭력으로 처리하지는 않겠다는 입장을 일관되게 명시하고 있지요(서울 남부지방법원 2017가합111971 판결 등).

더불어, 학교 안에서 학생이 다치는 사고가 발생한다고 해서 무조건적으로 학교폭력이 인정되는 것이 아닙니다. 바로 '고의성'이라는 개념 때문인데요, 우리 법원은 학교폭력 가해 행위를 행한다는 '고의성'이 인정되지 않는 경우라면 학교폭력으로 인정하지 않는 태도를 보이고 있습니다(광주지방법원 2020구합15277 판결 등).

학생이 다친 경우, 우리 아이가 다쳤으니 가해학생이 반드시 나와야 한다는 마음보다는 나시 같은 일이 발생하지 않도록 예방의 시각에서 사고를 방지하는 것이 더 현명한 해결 방법이 아닐까요?

오랜 날 오랜 밤

학교폭력 사안 접수와 처리를 하다 보면 어려운 점 중 하나는 학교폭력에는 시효가 없다는 것이다.

1년 혹은 2, 3년 전 사안은 물론이고, 사무실에 있다 보면 이미 성인이 되었는데 학창 시절 겪은 학교폭력 사안에 대해 문의하고 싶다는 전화나 방문이 가끔 있다. 경찰서에 접수되는 사안들과 마찬가지로 시간이 너무 지난 사안의 경우 학교폭력을 입증할 만한 증거나, 증언을 해 줄 사람을 구하기 어려워 사안 처리에 힘이 들곤 한다. 또한 학교폭력으로 입증된다 하더라도 조치처분은 학생을 대상으로 한 것이기 때문에 피해 혹은 가해학생 조치가 나가지 않게 된다. 즉 힘만 들고 별다른 실익이 없는 것이다.

또한 비록 재학 중인 학생이라 하더라도 시간이 많이 지난 경우 학교폭력을 입증하기는 매우 어렵다. 하지만 어렵다고만 손을 놓기보다는 아이들 목소리에 귀기울여주어야 하는 것이 가정과 학교, 교육청의 역할이 아닐까 한다.

중학교 학생들 간에 성추행이 있었다는 내용의 사안이 접수된 적이 있다. 학생 한 명이 주위 여러 친구들을 대상으로 반복된 성추행을 했다고 접수되었는데 문제는 이 사안이 2~3년 전, 심하게는 초등학교 저학년 시절부터 발생한 것으로 주장한다는 것이었다.

피해 주장 내용들은 '5년 전 가해학생이 학원 근처에서 엉덩이를 만지고 지나갔어요.'라는 식이었다. 그렇다고 피해학생들의 주장이 거짓말이라고 보기는 어려웠다. 복수의 학생들이었고, 학교생활의 어려움을 호소하는 진술 태도나 평소 학교생활에 대한 학교 측의 이야기 등을 볼 때 어느 정도 믿을 수 있어 보이기도 했다. 하지만 가해학생으로 지목된 학생은 자신의 행동을 전면 부인하고 있었고, 가해 사실을 증명해 줄 증거는 찾아보기 어려웠다. 심증이 가더라도 억울하게 가해학생으로 결정될 수도 있기에 어쩔 수 없이 증거 불충분 처분을 받게 되었다. 그런데⋯.

몇 개월 후 가해학생을 다시 지목하여 학교폭력 사안이 접수되었다. 지난번 증거불충분 통지를 받은 피해학생들은 조치처분 통보 이후에도 행동과 습관이 변하지 않은 채 주변 친구들을 계속 괴롭혀 온 가해학생의 여러 학교폭력 사안들을 꾸준히 기록해 온 것 같았다. 선생님 역시 가해학생의 교육을 위해서라도 교육지원청의 심의 결과가 있어야겠다고 생각하고 상담 자료 등을 작성하여 제출하였다. 이번에도 가해학생은 자신의 행동을 부인하였지만 그동안 수집된 증거 자료와 진술들로 인해 조치처분을 받게 되었다.

심의실에 온 피해학생들은 지난번 심의 때 왔던 학생들도 있었고 이번에 처음 온 학생들도 있었다. 그동안 입은 피해에 대해 차분히, 혹은 눈물 흘리며 이야기해 주었다. 사실 피해도, 가해도 아직 어린 학생들인 경우 조치처분을 내리면서도 마음이 편하지는 않다. 하지만 오랜 시간 동안 학교폭력으로 인해 어려움을 겪어 왔다면 앞으로 길고 긴 날 학교생활을 잘 해 나갈 수 있도록 학교와 교육지원청의 도움으로 어느 정도 선에서 그 어려움을 끊어 주어야만 한다. 그것이 가해학생에게도 자신의 행동을 돌아보고 개선할 수 있도록 하는 교육적 효과가 있을 것이다.

  아이들 한 명 한 명의 흔적은 지울 수 없이 소중하다. 오랜 날 오랜 밤 동안 어둠 속에서도 잠 이루지 못해 흐느껴왔던 피해학생들의 목소리가 더 이상 이어지지 않도록 가정에서도, 학교와 교육지원청에서도 관심과 노력을 더 기울여야 할 것이다. 다만 너무 지나치게 오랜 날 오랜 밤이 지난 일이라면, 이제 그만 묵은 감정에 붙잡혀 사는 것보다 새로운 인생에 도전하며 사는 건 어떨까 하는 생각도 가져 본다.

 김 팀장님의 사안 관련 팁

  학교폭력예방법 제2조에서 학교폭력에 대한 정의를 보면 '학교폭력이란 학교 내외에서 학생을 대상으로 발생한'(중략) '신체·정신 또는 재산상의 피해를 수반하는 행위'입니다.

  성인도 학창 시절 피해를 입은 것에 대한 신고는 할 수 있습니다. 하지만 현재 학생의 신분이 아니므로 조치결정을 내릴 수는 없습니다.

  학교폭력 신고 시에는 즉시성과 증거 자료 확보가 생명입니다. 최근의 학교폭력 조치결정을 보면, 객관적 증빙 자료에 근거한 조치처분이 내려집니다. 몇 년 전만해도 피해학생에 대한 진술과 신빙성이 있으면 가해학생에 대해 교육적 조치 결정이 내려지는 경우도 있었지만 이를 악용하는 사례도 많고, 학교 및 지역교육지원청, 심의위원 등 업무 관련자 및 기관을 대상으로 민원접수가 증가하는 추세여서 최근의 기조는 증거에 기반하여 가해학생에 대해 교육적 조치를 의결하고 있습니다.

슬프게도 피해를 입은 학생이 자신의 피해 입증을 위해 스스로 증빙 자료를 확보하기도 해야 하는 현실에 대해 담당 업무자로서 제도의 한계를 절실히 느껴집니다. 또한 법과 제도의 개정을 위한 노력을 해야겠다는 사명감도 듭니다.

 조 변호사님의 법률 조언

승소를 위해서만 다툼이 시작되지는 않습니다. 때로는 질 것을 알고도 '법 감정 해소'를 위하여 어려운 싸움에 나서기도 하지요. 그 마음을 알기에 오래전 사건을 다투는 학생 혹은 성인들의 문의는 더 진심을 담아 상담하곤 합니다. 묵은 감정을 조금이나마 덜어주고자 말이지요.

〈관련 조문〉
「행정심판법」
제27조(심판 청구의 기간)
① 행정심판은 처분이 있음을 알게 된 날부터 90일 이내에 청구하여야 한다.

진정한, 진심 어린, 진정성 있는

아이들이 크다 보면 이런저런 실수를 하지 않을 수는 없는 노릇이다. 그럴 때마다 야단을 치고 호들갑을 떨기보단, 아이에게 자신의 실수를 돌아보고 앞으로 조심할 수 있도록 가르칠 수 있는 게 더 중요하다는 걸 우리는 상식으로 알고 있다.

학교폭력에서도 마찬가지가 아닐까 싶다. 아이들이 크다 보면 친구들과 싸울 때도 있고, 그게 학교폭력이라는 무서운 이름으로 처벌받지 않을 정도라면 미안하다고 사과하고, 또 친구의 사과를 받을 줄 아는 마음을 키우는 것이 교육적일 것이다.

학교폭력 심의를 하다 보면 피해학생 쪽, 아니 더 정확히 말하면 피해학생의 부모 쪽에서 가해학생 쪽의 사과를 원하는 경우가 많다. 어지간하면 용서하고 말지 싶은 마음도 들지만, 때로는 오죽하면 저런 마음이실까 싶어서 이해가 되기도 한다. 하지만 그다지 크지 않은 사안을 두고 굳이 몸을 떨어 가며 사과를 원하는 모습을 보고 있으면 저 부모 밑에서 아이가 잘 클 수 있을까 싶기도 하다. 그때 부모들이 원하는 사과는 대개 '진정한, 진심 어린, 진정성 있는' 사과이다. 그런데 그 사과는 도대체 어떤 사과일까.

중학교 남학생 간 학교폭력 사안이 접수되었다.

교실에서 두 학생 간 말다툼이 조금 있었던 모양인데, 가해학생이 참지 못하고 주먹을 휘둘렀고 피해학생이 상처를 입게 되었다. 10일 정도 치료가 필요하다는 진단서도 제출되었다.

피해학생과 부모님이 먼저 진술을 위해 심의실에 들어왔다.

피해학생은 차분히 자신이 입은 피해를 진술해 주었다. 그런데 정작 흥분은 부모님이 하고 있었다. 본인들은 여기 심의까지 오려고 하지 않았으며, 같은 부모 입장에서 어지간하면 용서하려고 했다고 이야기했다. 또한 학교 선생님의 연락을 통해 상대 학생의 부모님을 만났지만 진정한 사과를 하지 않아서 오게 되었다고 몸을 떨어가며 분노했다.

피해 사실에 대한 진술이 그렇게 마무리되고 상대 측 가해학생과 부모님의 진술이 있었다.

학교폭력 사안 자체에 대해서는 사실 확인이 잘 되어 보고가 되었기에 간단히 질의응답하고, 피해학생의 부모님이 사과를 받지 못했다는데 과연 그런지에 대해 질문이 있었다.

가해학생은 학교와 그 외 장소에서, 때로는 문자를 보내 여러 차례 피해학생에게 사과를 하였다고 진술했다. 부모님 역시 아이 잘못을 인정하고 상대 부모님에게 사과 의사를 밝혔으며, 치료비도 지불하겠다는 이야기도 건넸다고 진술했다. 심의를 하다 보면 가해학생과 부모들이 사과와 반성보다는 변명과 책임 전가를 하느라 사안을 더 키우는 경우가 많은데, 이번 사안은 학교에서 보고된 확인서의 내용도 그렇고, 진술하는 태도 등을 볼 때 사과가 충분히 전달된 것이 아닌가 생각되었다. 특히 가해학생은 친구들 앞에서도 사과했고, 기회가 된다면 무릎을 꿇고 사과할 수도 있다는 취지의 진술을 하고 있었다.

도대체 얼마나 사과해야 진정한, 진심 어린, 진정성 있는 사과일까.

가해학생도 아직 어린 중학생인데, 이 정도 사안 내용으로 혈서라도 써야 하나 싶은 마음이 들었다. 어쨌든 자기가 잘못해서 이런 자리가 있게 되었고, 부모님께도 죄송하다며 눈물 흘리는 학생을 보고 있는 마음이 불편했다. 심의를 마치고 퇴장하는 학생과 학부모님에게 잘 마무리되어 앞으로 다시 이 자리에 오지 않도록 해야 한다고 이야기를 건네고 조치처분 논의를 시작하였다.

애지중지 키운 자녀가 학교폭력 피해를 입었다고 하면 가슴이 철렁 내려앉는 마음이 들 거라는 건 충분히 이해되는 일이다. 하지만 아직 어린 아이들이다. 부모들 역시 이런저런 잘못을 하며 때로는 야단맞고, 때로는 사과하고 용서하며 어른이 되지 않았을까. 사안을 접수하다 보면, '이런 내용이 학교폭력으로 인정되고 있으니, 내가 지금 학교 다녔으면 사형을 당했겠네.' 싶을 때가 있다.

누구나 실수를 하고, 그렇게 어른으로 성장한다. 물론 가해 사실이 커서 학교폭력 처분을 비롯해서 공식적인 처벌이 필요한 경우가 많고, 이에 따른 교육은 필요하다. 하지만 앞집 아이가 행복하면 우리 아이도 함께 행복할 수 있다. 작은 다툼이라면 그 친구를 불러 라면 끓여 먹여 주면서 서로 사과하고 친하게 지내라고 하며 어른다운 너그러움을 보여주면 어떨까. 부모들끼리는 시간 좀 내서 치킨에 맥주 한 잔 부딪히며 우리 함께 아이들 잘 키워 보자고 이야기 나누면 좋지 않을까. 학교폭력 심의실은 부모님들에게도 부담스러운 자리이고, 아이들이라면 더욱 그렇다. 사과가 꼭 필요한 경우도 있겠지만 진정한 사랑, 진심 어린 관심, 진정성 있는 대화를 먼저 떠올려 보는 어른의 모습을 좀 더 자주 보면 좋겠다.

김 팀장님의 사안 관련 팁

　학교폭력예방법을 살펴보면 학교폭력 책임교사는 신고를 접수하는 즉시 피해학생에게 사실 확인을 하고 분리 의사를 묻습니다. 다음 순서로 가해학생에게도 사실 확인을 받습니다. 이때 접촉, 협박 및 보복행위 금지가 학교장긴급조치로 바로 시행되는데 이때 책임교사 및 학교 관계자는 피, 가해 관련 학생 및 보호자에게 이러한 내용을 잘 설명해야 합니다. 어떠한 상황 속에도 양측 간 접촉을 하지 말 것이며 사이버상에도 마찬가지라고 설명해야 합니다. 다만 사과 의향을 전하거나 관계 개선을 위해 양측 어느 한쪽이 의사를 물으면 책임교사는 상대측에게 안내를 해야 할 것입니다. 간혹 학교에서 분리 및 접촉, 협박 및 보복행위 금지를 단순히 이해하여 사안이 더 커지고 심의까지 하게 되는 경우가 많습니다.

　심의 전 양측이 먼저 만나 갈등 요소를 확인하고 사과할 부분이 있다면 사과하고 그래도 상호간 화해, 용서 등이 안 된다면 심의 요청을 해도 늦지 않습니다.

　심의를 통한 조치결정은 누구도 만족을 못하고 상처만 남는다는 것을 알아야 할 것입니다.

 ## 조 변호사님의 법률 조언

　학교폭력 사건에 대해 법원 역시 잘못에 상응하는 처벌을 통해 가해학생을 바로잡는 '응보적 정의'는 피해자를 소외시킬 우려가 있음을 지적하면서 자발적 책임을 통해 피해학생을 회복하는 '회복적 정의'를 우선할 것을 일관되게 판시하고 있습니다.

불필요한 갈등 증폭과 행정력 낭비 최소화를 위해서는 피해 학부모님도 회복적 정의 가치와 방식을 고민하는 것이 필요하다고 느껴지는 요즘입니다.

천벌을 받을 겁니다!

 학교에서 학생부(요즘은 학생생활인권부 등으로 불린다.)는 예전부터 기피 부서 중 하나였다. 아무래도 말썽꾸러기들을 지도, 관리해야 하고 이 과정에서 민원이 발생할 여지가 많아서일 것이다. 모든 업무가 그렇듯 해당 업무를 오래 하면서 전문성을 가지고 처리하면 좋겠지만 학생부, 그 중에서도 학교폭력 업무는 다들 하기 싫어해서 신규 교사 혹은 기간제 선생님에게 떠맡기다시피 하는 경우가 종종 있는 것 같다. 그나마도 1년 하면 담당자가 바뀌곤 해서 매년 새로 업무를 익혀야 하는 어려움이 있다. 교육지원청도 마찬가지여서 학교폭력 담당 업무는 장학사들 간에도 기피 업무 중 하나이다. 나 역시 장학사 인사 발령을 앞두고 '학교폭력은 맡지 않길…' 하는 바람이 있었다. 오죽하면 발령을 기다리던 기간에 학교폭력을 소재로 한 '더글로리'라는 드라마가 대 유행을 했고 아내가 재미있다고 이야기하면서 밤을 새 가며 정주행을 했지만, 껴걸 봤다가는 부정 타서 학교폭력 업무를 맡게 될 것 같다는 생각에 아예 시작도 안 했을까.(아직도 나는 드라마 내용을 알지 못한다.) 하지만 결국… 학교폭력 업무를 맡게 되었고, 이렇게 글까지 쓰고 있다.
 다른 업무라고 어디 쉬운 게 없겠지만 학교폭력 업무를 기피하는 이유는 아무래도 거센 민원 때문이 아닐까 싶다. 자식이 폭력과 연관되어 있다는 사실을 알게 된 순간, 학부모들은 심장이 뛰기 마련일 것이다. 그리고 학교와 교육지원청에서 어떤 조치가 나오더라도 가해학생 측은 별것도 아닌 장난이었을 뿐인데 왜 이렇게 무거운 조치처분이 나왔는지, 피해학생 측은 내가 얼마나 많은 피해를 입었는데 상대에게 이렇게 가벼운 조치만 내리는지 불만을 드러낸다.

중학교 여학생 간 감정 갈등을 중심으로 한 사안이 접수되었다. 평소 친하게 지내던 이 친구들은 함께 자주 가던 한 상점에서 구입한 물건을 가지고 놀다가 한 친구가 다른 친구 물건을 훼손하게 되었다. 이 일을 계기로 사이가 멀어져 다른 친구들이 한 친구를 따돌렸다는 내용이었다. 하지만 가해 관련으로 지목된 학생들은 따돌린 적이 없고, 오히려 그 친구가 자기들과 관련된 안 좋은 말을 퍼뜨리고 다녀도 참고 있다고 완강히 부인했다.

이런 사안은 참 다루기가 어려운 경우가 많다. 조치처분을 떠나, 우선 학교폭력으로 결정할 만한 근거가 부족하기 때문이다. 사춘기에 접어든 학생들은 이런저런 이유로 친구들과 가까워졌다가도 멀어지고, 다시 가까워지는 과정을 거치게 된다. 모든 어른들도 그맘때 그렇게 자라지 않았나. 하지만 예전에는 그러려니 하고 넘어갔던 일들도, 학교폭력이 사회적 이슈가 된 이후로는 작은 일을 가지고도 참지 못하고 학교폭력이라고 신고하고, 다시 상대방도 나도 당했다고 심의를 신청하는 일이 종종 발생한다. 이 과정에서 학교의 학교폭력 담당 선생님이 사안 내용을 성의껏 조사해도 별다른 폭력의 근거를 찾지 못한 채, 교육지원청에서 심의해 달라고 공문을 발송하는 경우가 종종 있다. 교육지원청은 변호사, 경찰, 전문상담가, 전, 현직 교원 등 전문적인 능력을 갖춘 심의위원들과 함께 심의를 진행하고 있지만 이런 식으로 보고되는 아이들 간 감정 다툼과 관련된 사안을 명백하게 결정 내리기는 어려운 일이다. 가끔은 최고의 전문가들이 본인이 하는 일을 뒤로하고 이런 정도의 사안을 들여다보고 있어야 하나 싶어 한숨이 나오기도 하고, 투입되는 예산과 시간이 아깝게 느껴진다.

이 사안의 경우에도 별다른 조치를 내리기 어려웠다. 그렇게 조치처분을 통보하고 나면 2~3일 후 가슴이 두근두근한다. 항의 민원 전화가 올 거라는 생각이 들기 때문이다. 아니나 다를까 출근하여 잠시 지난 후, 업무 시간이 되자마자 전화벨이 울린다.

조치처분 우편물을 받고 전화했다면서, 우리 아이가 얼마나 피해를 봤는데 이런 결정이 나오느냐고 항의가 이어진다. 대강의 과정을 설명하고, 조치 결정에 불복하는 절차를 안내하지만, 어차피 내 말은 들을 생각이 없는 통화다. 그러려니 하고 있지만 선을 넘었다 싶은 말들도 있다. 조치처분이 마음에 들지 않는다며 '상대방에게 얼마를 받았느냐'는 말에는 '무슨 소리 하시는 거냐'고 나 역시 화낼 수밖에 없다. 생각 같아서는 '한 10억 주면 받고 일 그만두겠네요.'라고 받아치고 싶지만 그렇게 말하기는 어려운 일이다. 잠시 꼬리를 내리는가 싶더니, '이런 처분을 내리다니, 장학사님, 천벌을 받을 겁니다아아아~!' 소리를 지르며 통화를 마친다. '어유, 이걸 그냥~!' 하며 다시 전화를 걸고 싶지만, 그래도 이 정도로 통화가 끝난 걸로 만족하기로 한다. 그나마 그 난리를 친 이후에 행정심판이나 행정소송을 제기하지 않은 걸 보면 본인 자녀가 받은 조치처분에 문제가 없다고 판단했기 때문일 것이다.

다들 기피한다는 이 일을 하면서도 버틸 수 있는 것은 그래도 아주 가끔은 자신의 잘못을 뉘우치는 아이들의 모습을 볼 때도 있고, 학교에서 힘들어하는 학교폭력 관련 업무를 교육지원청에서 지원하는 이 일이야 말로 번쩍번쩍 드러나는 성과가 보이지는 않아도 장학사로서 해야 할 일이겠구나 하는 느낌 때문일 것이다.

여전히 익숙해지지 않지만 다양한 원망을 듣는 중에, 천벌을 받을 거라는 말은 새로운 스타일의 원망이다. 아주 나중에 인생을 마치게 되면, 이 일을 했다고 천벌을 받게 될까 아니면 그래도 수고했다는 말을 듣게 될까 알 수 없는 노릇이다. 그건 내가 모르는 절대자의 영역일 것이고, 나는 그저 내 일을 할 뿐이니.

 김 팀장님의 사안 관련 팁

위 사례처럼 친한 사이로 지내다가 서로 멀어지는 과정에서 어느 한쪽이 따돌림을 당하여 학교생활을 하기가 힘들어졌다고 학교폭력 피해 신고를 하는 경우가 종종 접수됩니다. 서로의 의견이나 감정의 차이로 멀어지다가도 가까워지는 자연스러운 과정을, 요즘 세대들은 내가 힘들면 상대도 힘들어야 한다고 생각하는 경우가 많은 것 같습니다. 이런 경우 학교폭력이라 인정할 수 있는 내용을 찾으려고 해도 찾을 수 없기 때문에 관련 학생과 보호자는 물론 학교와 교육지원청 등 행정 기관에서도 굉장히 소모적일 수밖에 없습니다.

이때 학교에서는 최대한 관계 회복을 위한 만남을 추진해서 서로간의 대화의 장을 만들어주는 중재의 역할을 하는 것이 교육적이고 앞으로 성장해가는 학생들에게도 좋은 경험이 될 것입니다.

학교에서 관계 회복을 위한 전문가가 없는 경우 교육지원청의 도움을 요청하면 즉시 현장으로 달려가 중재하니 적극 활용해 주면 좋겠습니다.

조 변호사님의 법률 조언

학교폭력 사안은 변호사들에게도 이른바 기피 영역 중에 하나로 꼽힐 만큼 민원이 거센 분야입니다. 자식 일에 감정이 쓰이는 부모의 마음을 모르는 것은 아니지만 학교폭력 담당 교사도, 교육지원청 장학사도 모두 누군가의 부모이자 자식일 테지요.

법원은 권한 외의 행위에 대하여는 냉정합니다. 본인의 억울한 마음을 풀다가 자칫 더 큰 책임이 뒤따를 수도 있다는 사실을 간과해서는 안 됩니다.

〈관련 조문〉
「정보통신망 이용촉진 및 정보보호 등에 관한 법률」
제44조의7(불법 정보의 유통 금지 등)
① 누구든지 정보통신망을 통하여 다음 각 호의 어느 하나에 해당하는 정보를 유통하여서는 아니 된다.

3. 공포심이나 불안감을 유발하는 부호·문언·음향·화상 또는 영상을 반복적으로 상대방에게 도달하도록 하는 내용의 정보

학교의 중심에서 학폭을 외치다

중학교 교감 선생님에게서 전화가 왔다. 한 학부모가 학교폭력 피해를 주장하며 학교를 너무 힘들게 하고 있다는 하소연이었다. 학교폭력 관련 업무를 하면서 사실 이런 전화는 자주 받지만, 이 학부모는 정도가 심한 듯했다. 사안이 발생한 학교에 가는 경우는 별로 없지만 이 경우는 학교를 찾아가서 사안을 파악해 보기로 했다.

주소만 도시일 뿐, 학교는 한적한 시골 분위기도 있고 정겨운 모습이었다. 하교 시간이 되어 집으로 향하는 아이들의 밝은 얼굴이 내 기분도 좋게 하는 느낌이었다. 교무실 위치를 물어 보고 교감 선생님을 만날 수 있었다. 교무실이 아닌 상담실로 안내하는 교감 선생님의 발걸음이 무겁게 느껴졌고, 학교폭력 업무 담당 선생님과 해당 학생의 담임 선생님 이렇게 세 분의 선생님과 이야기를 나누게 되었.

미리 사안을 전해 들은 대로 심각한 학교폭력이 발생했다고 보기는 어려웠다. 피해를 주장하는 학생 측 입장에서는 상대 학생이 지속적으로 위협하는 눈빛으로 째려보거나 학용품에 낙서를 하는 등의 행동을 하여 정상적인 학교생활을 하기 어렵다는 내용이었다. 하지만 대개 그렇듯 상대 학생 입장은 달랐다. 도리어 그 학생과 잘 지내고 있었고, 오히려 상대 학생이 점심 급식 때나 복도를 지나칠 때 장난을 빙자하여 몸을 민다든지 하는 등의 행동을 해 왔지만 굳이 학교폭력으로까지 이야기하는 것은 부담스러워 참고 지내고 있는데 왜 이런 이야기를 하는지 모르겠다며 억울함을 호소하고 있었다.

  사실 이 정도 사안이라면 서로 간에 관계가 회복되기 어려울 수는 있어도 업무 담당 장학사가 학교를 방문할 정도는 아니라고 생각할 수 있다. 하지만 이 학교는 피해를 주장하는 학부모 때문에 힘든 하루하루를 보내고 있었다.

  해당 학부모는 처음 학교폭력 피해를 주장하려고 오후 늦게 교무실을 말 그대로 들이닥친 후 다시 교장실로 향한 듯했다. 우리 애가 학교폭력을 당하고 있는데 학교에서는 도대체 뭘 하고 있느냐면서 흥분하여 소리를 치고 업무를 하지 못하게 하여 결국 경찰이 출동했다고 한다. 하지만 경찰 출동 이후에도 이 학부모의 난동에 가까운 막무가내 행동은 계속되었고, 소리 좀 그만 지르라고 경찰이 아무리 이야기해도 듣지 않아 두 손 두 발 들었다고 한다. 결국 저녁 늦어서야 사안을 잘 조사해 보겠다고 달래고 달래 간신히 집에 보낸 것 같았다. 그 이후 학교폭력 피해에 대해 업무 담당 교사, 담임 교사, 학년부장, 교감 선생님 등과 매일같이 한 시간 이상씩 통화하며 이야기해대는 통에 학교가 너무 힘들다는 하소연이 이어졌다. 학생들 간에 어떤 일이 있었는지 충분히 조사하고 또 조사해 보았지만, 두 학생 간 이야기가 다르고 CCTV 등의 증거 자료도 없는 상황이었다. 주변 친구들 역시 두 친구들 사이에 학교폭력으로까지 생각할 만한 일은 없었던 것 같다고 이야기하고 있다고 했다.

  결국 학교폭력대책심의위원회까지 올라오게 되었고, 있는 자료 없는 자료와 심의에서의 진술을 다 긁어모아 서로 몸으로 민 행동 1회씩을 인정하게 되었다. 사실 학생들 간의 이 정도 행동을 굳이 학교폭력으로 인정할 것인가에 대한 논의도 있었지만 두 학생 간 관계, 특히 처음 피해를 주장한 학부모의 민원이 너무 거세서 두 학생을 학급 분리할 필요성이 있어 이를 위해 학교폭력 조치처분이 나가는 것이 학교에 도움이 될 것이라는 판단이었다.

당연히 해당 학부모는 자신의 말을 들어주지 않았으며, 왜 우리 아이의 학교폭력 가해도 인정되느냐며 다시 학교를 어렵게 하고 있는 것 같았다. 이 과정에서 경력 많은 베테랑 부장님과 담임 선생님이 결국 이 사람 때문에 못 버티겠다고 질병 휴직에 들어가게 되었다. 교감 선생님도 도저히 안 되겠다고 다른 학교로 전근을 갔다. 관련 학생 간 사안은 마무리되지 못한 채 진행 중이고, 사실 이 정도쯤 되면 교육지원청도 많은 어려움을 겪게 된다. 이 학부모는 아마 학교와 교육청이 잘못하고 있는 것이지 자신의 민원 제기야말로 정의를 구현하는 정당한 것이라고 끝까지 생각할 것이다.

세상의 중심에서 사랑을 외쳐도 모자랄 판에, 학교의 중심이랄 수 있는 교무실과 교장실에서 학폭을 외치며 기어코 학교를 뒤집어 놓아야만 직성이 풀리는 사람들이 있다. 하지만 그토록 사랑하는 자녀가 다니는 학교라는 걸, 그 학교를 소중하게 지켜 주어야 아이에게도 도움이 된다는 걸 조금이라도 생각해 보길, 부질없이 희망해 본다.

 김 팀장님의 사안 관련 팁

민원인의 입장에서 듣고 공감하려 늘 노력합니다. 학생 사안 관련한 상담을 통해 얻은 지혜는 언제나 상대의 입장에서 대화를 해야 한다는 것이었습니다. 물론 학교 선생님이라면 누구나 그렇게 상담을 할 것입니다.

피해를 주장하는 학생의 보호자는 자신의 자녀가 피해를 얼마나 입었는지 혹은 정작 학생이 아닌 자신이 피해를 입었다고 생각하는지 구분을 할 필요가 있습니다.

상담을 하다 보면 처음에는 자녀를 위한다고 말을 시작하지만 실제로는 본인 자신에 대한 말을 하거나, 사안의 본질을 벗어나 주변인(담임 선생님, 책임 교사 등)의 사소한 언어나 행동에 대한 민원으로 확산되는 경우가 잦습니다.

위 예처럼 대화가 안 되는 경우도 있지만 대개는 잘 마무리가 되거나 만족스런 결과가 나오지 않더라도 경미한 사안이라면 참고 민원을 마치곤 합니다. 사안 관련 업무 담당자는 고된 인내가 필요하고, 정신 감정을 잘 컨트롤 해야 하는 매우 힘든 업무라고 생각합니다. 선생님과 업무 담당 주무관님, 장학사님 등 모두 힘내시길 바라겠습니다~!

조 변호사님의 법률 조언

「학교폭력예방 및 대책에 관한 법률」에서는 학교폭력 행위를 정의하고 이러한 행위가 발생할 경우 투명한 사안 조사와 때로는 심의위원회를 개최하도록 하여 가해학생에게는 징계, 피해학생에게는 보호조치를 내리도록 규정하고 있습니다.

피해학생은 법에서 정해 놓은 절차에 따라 신고를 접수하고, 심의위원회에 출석하여 본인의 피해를 주장하고 인정받으면 되는 것이지요. 더불어 학교폭력으로부터 선생님이나 학교가 제대로 된 대처, 보호를 해주지 않는다면

법에서 정한 절차에 따라 학교에 책임을 묻는 것도 불가능한 것은 아닙니다. 다만, 중요한 것은 법에서 정해놓은 절차를 따라야 한다는 것입니다. 간혹 감정이 앞서 절차보다 감정으로 학교를 상대하시는 부모님도 계시는데요, 억울한 마음은 충분히 이해하지만 순간적인 감정이 너무 앞서는 경우 오히려 선생님에 대한 '교육활동 침해'로 이어지는 경우가 생길 수도 있지요. 이런 경우 학교폭력 사건뿐만 아니라 또 다른 절차가 진행되기도 하여 그 피해는 아이가 고스란히 받을 수도 있습니다. 급할수록 돌아가야 하지 않을까요?

〈관련 조문〉
「교원의 지위 향상 및 교육활동 보호를 위한 특별법」
제19조
이 법에서 "교육활동 침해 행위"란 고등학교 이하 각급 학교에 소속된 학생 또는 그 보호자(친권자, 후견인 및 그 밖에 법률에 따라 학생을 부양할 의무가 있는 자를 말한다. 이하 같다) 등이 교육활동 중인 교원에 대하여 다음 각 호의 어느 하나에 해당하는 행위를 하는 것을 말한다.

2. 교원의 교육활동을 부당하게 간섭하거나 제한하는 행위로서 다음 각 목의 어느 하나에 해당하는 행위

가. 목적이 정당하지 아니한 민원을 반복적으로 제기하는 행위
나. 교원의 법적 의무가 아닌 일을 지속적으로 강요하는 행위
다. 그 밖에 교육부장관이 정하여 고시하는 행위

학폭이 확실합니다!

　예전에 '우정의 무대'라는 텔레비전 프로그램이 있었다. 뽀빠이 이상용 씨가 군부대를 찾아가서 여러 코너를 진행했는데, 그중에서도 가장 재미있었던 것은 '그리운 어머니'라는 순서였다. 군부대 장병 중 한 명의 어머니를 몰래 모시고 와서 무대 뒤에서 목소리를 들려주면, 자기 어머니가 맞다고 생각하는 군 장병들이 우르르 무대로 올라와 자신의 어머니가 확실하다고 주장하는 모습이 재미있었다. 만일 자신의 어머니가 정말 와 있으면, 어머니를 얼싸안고 이야기를 나눈 후 며칠간의 휴가증을 받아들고 '고향 앞으로~!'를 외치며 떠날 수 있었다. 어머니를 그리워하는 마음을 절절히 표현하는 장병이 있는가 하면, 그저 무대에 올라와서 재미있는 말 한마디를 해 보고자, 누가 들어도 말도 안 되는 이유를 들어가며 '뒤에 계신 분은 제 어머니가 확실합니드아~!'를 외치는 모습에 웃음이 터지곤 했다.

　학교폭력 사안 심의를 하다 보면 '이걸 학교폭력으로 생각하고 신고를 한다고?' 싶은 경우가 종종 나온다.
　중학교 남학생들 간 학교폭력 사안이 접수되었다. 학교폭력 사안 접수를 하다 보면 어이없는 경우가 종종 있긴 한데, 이번 건도 내용을 살펴보니 고개가 저어졌다. 피해학생 측에서는 가해학생 측이 지속적인 괴롭힘을 했다고 여러 장의 사진을 증거로 제시했다. 친구들이 학교 체육복에 낙서를 하고 있다는 것이었고, 그 외에도 피해 사실이 있다고 주장하는 중이었다.

증거로 제출된 사진을 살펴봤다. 낙서가 있다는데 보이지 않았다. 최대한으로 사진을 확대하니 뭔가 있기는 있는 듯했다. 아이들 사이에 '볼펜똥' 정도로 보이는 점 비슷한 게 보이는 듯도 했다. 내용을 읽어 보니 이런 괴롭힘 때문에 아이가 정신적 피해를 호소하고 있다는 내용이었다. 이걸 어떻게 해석해야 하나… 싶었다.

심의를 준비하면서 '이 정도 사안이면 학교에서 자체해결로 잘 마무리되지 않을까?' 하는 기대도 있었지만, 부질없는 희망일 뿐이었다. 심의일에 피해학생 측으로 나온 학생과 보호자는 사안 접수한 내용대로 학교폭력 피해를 진술하고 있었다. 가해학생 측으로 나온 학생과 보호자는 볼펜똥을 몇 차례 묻힌 건 맞지만 말 그대로 그냥 장난이었던 데다, 그나마 하지 말라고 해서 사과하고 더 이상 그런 행동을 하지도 않았는데 어떻게 이 정도 사안으로 학교폭력 가해학생으로 불려나올 수 있는지 불쾌감을 표현했다.

결국 별다른 조치 없이 마무리되었고, 지금은 학생들이 학교에서 어떻게 지내고 있는지 잘 모른다. 아마 학교폭력으로 서로 으르렁거렸으니 좋은 관계는 아닐 것이다. 볼펜똥이 조금 불쾌했을 수는 있지만 그런 사안으로 학교폭력으로 신고하게 되면, 이걸 조사하느라 학교도 어렵고, 교육지원청도 행정력이 낭비될 수밖에 없다. 무엇보다 아이가 앞으로 살면서 수없이 많은 갈등을 겪게 될 텐데, 적절히 해결할 힘을 키울 수 없다.

볼펜똥이 묻은 체육복을 보면서, 딸아이가 입고 다니는 학교 체육복이 떠올랐다. 'OOO 귀요미, OOO 바보, OOO 화이팅' 등 여러 낙서들이 매직펜으로 적혀 있는 걸 보면서, '그래, 학교에서 친구들이랑 잘 지내나 보네' 싶었는데, 이걸 학교폭력으로 생각하면 아이들은 어떻게 서로 관계를 맺으며 지낼까 싶다.

'우리 어머니가 확실합니다~!'를 외쳤던 여러 장병들 중에서는 무대 위에 끝까지 남아 진짜 모자 사이의 상봉을 즐겁게 바라보는 경우도 있었지만, 너무 어처구니없는 이유를 대는 장병들은 뽀빠이 이상용 씨가 무대 아래로 퇴장시켰던 기억이 난다.

'이 사안 내용은 학교폭력이 확실합니다~!'
아무리 본인은 확신해도 아닌 건 아닐 때가 있다. 무대에 올라온 모든 이에게 그들이 원하는 휴가증이 발급될 수는 없는 노릇이다.

 김 팀장님의 사안 관련 팁

현재 학교폭력예방법상 현재 신고된 사안을 조사하여 보니 학교폭력이 아니거나 경미한 사안이어서 학교장자체해결이 가능해도 피해 측에서 심의를 요청하면 심의를 해야 하는 상항입니다. 법률 개정이 필요하다고 지속적으로 개정이 필요함을 요구해도 아쉽게도 아직 반영되고 있지 않습니다. 학교에서는 조치에 대한 판단 대신 학교장자체해결 여부 판단만 할 수 있고, 조치의결은 심의위원회에서 의결하게 됩니다.

학교 업무 담당자나 교육지원청 장학사는 법적 절차에 따라 사안을 진행해야 한다는 점에서 정말 행정적으로 낭비일 수 있다고 생각합니다.

그럼에도 심의위원회는 양측의 주장에 대해 진실되게 경청하고 객관적이고 중립적 입장에서 최적의 조치 의결을 한다는 것을 알아줬으면 합니다.

 조 변호사님의 법률 조언

'걸면 걸리는 것이 학교폭력?'이라는 우스갯소리가 나올 정도로, 실제로 60퍼센트를 상회하는 신고 건들이 조치없음 혹은 서면사과(1호) 조치로 마무리되곤 합니다. 여러 매체를 통해 학교폭력에 예민하게 반응해야 하고, 세상이 바뀌었다는 둥 이야기를 듣다 보니 이러한 신고의 남용이 발생하는 것이지요.

하지만 법원은 단호합니다. "학교폭력 개념의 확대 해석으로 인하여 지나치게 많은 학교폭력 가해자를 양산하지 않을 것이다", "학교폭력예방법의 취지, 당사자들의 상호관계, 사건 발생의 경위와 전후 사정, 향후 당사자들의 관계 개선, 이익 형량 등을 고려하여 신중을 기해 학교폭력을 인정해야 한다" 등 신고가 학교폭력 인정으로 반드시 이어지지는 않습니다(서울남부지방법원 2017가합111971 판결 등).

환상 속의 그대

따르르르릉~

내선 번호가 아닌 010으로 시작되는 전화는 받기가 언제나 편하지 않다. 하던 일도 있고 해서, 일단 옆자리의 주무관님이 대신 전화를 받았다. '여보세요~' 통화를 하고 있지만 아니나 다를까, 말이 잘 통하지 않는지 자꾸 이야기가 길어진다. '그냥 저 바꿔 주세요' 하고 신호를 보내니 내게 전화를 돌린다.

"감사합니다, ○○교육지원청 장학사 ○○○입니다."

'안녕하세요, 학폭 문의 좀 하려고요.'라고 전화 통화가 시작되었다.

같은 반 다른 학생이 자기 아이를 수시로 때리고, 그 외 언어폭력과 여러 다양한 유형의 폭력을 행사하고 있다는 하소연이 이어진다. 가만…. 언젠가 들은 것 같은 내용이다. 생각해 보니, 지난주 앞자리 장학사가 받았다는 통화 내용과 비슷하다.

"아버님, 그런데 지금 이야기하시는 자녀의 학년이 어떻게 될까요?"

"초등학교 3학년이에요."

이런….

물론 초등학교 3학년이라도 학교폭력이 발생하지 말라는 법은 없고, 피해 사실이 분명하다면 학교와 교육지원청에서의 도움이 제공되어야 한다. 하지만…. 일반적으로 초등학교 3학년은 아이들이 아직 어리기도 하고, 사안의 심각성이 크지 않은 경우가 많다. 싸우면서 아이들이 큰다는 말처럼, 그냥 두면 잘 클 아이들인데 부모들 간의 다툼으로 인해 정작 아이들이 상처받곤 한다. 그래서 학교폭력의 피해자라고, 그리고 그 아이가 초등학교 3학년이라고 하면 그다지 반갑지가 않다. 이 전화 역시 받고는 있지만, 한쪽의 일방적인 이야기로만 판단할 수도 없고, 길고 긴 하소연을 다 들어줄 수도 없어 대강의 내용을 들은 후 통화를 마쳤다. 그리고 해당 학교로 사안 내용 확인을 위해 전화를 건다.

"안녕하세요, 교감 선생님, ○○교육지원청 ○○○ 장학사입니다. 방금 ○○○ 학생 관련 전화를 받아서, 내용을 좀 알 수 있을지 해서 전화드렸습니다."

아니나 다를까, 학교 역시 이 건으로 인해 힘들다는 하소연이 이어진다. 그리고 담임 선생님도 너무 힘들다며 바뀌었다고 한다. 이런 경우가 한두 번이 아니지만 안타까운 마음도 든다.

어쨌든 사안 접수가 되었고, 피해 내용에 대한 자료가 접수되었다. 그리고 상대방 역시 억울함을 호소하며 '맞폭'을 접수해서 자료를 잔뜩 제출했다. 답답한 마음이지만 사안 심의를 준비하고, 심의 당일이 되었다.

심의 당일, 먼저 피해를 호소한 학생 측에서는 아이가 너무 힘들어한다며 아이를 데리고는 왔지만 출석하지 않고 싶다고 했다. 이런 경우는 별로 없었지만 결국 부모만 심의실에 들어오게 되었다. 그리고 특이하게도 태블릿을 들고 들어와야겠다고 하여 허락을 하게 되었다.

이런저런 피해 사실에 대한 주장을 엄마와 아빠가 이어가며 30분 넘게 펼쳐 놓는다. 엄마나 아빠 둘 다 이러고 있으니 아이는 얼마나 힘들까 하는 생각은 들지만 내색할 수는 없다. 진술을 듣고 있던 위원들이, 늘어지고 있는 진술 중간중간 사안 접수가 된 내용과 관련이 없는 진술이 많고, 상대 학생도 어린아이와 보호자가 너무 오래 출석을 기다리고 있음을 알려주어도 막무가내다. 그렇게 한참 이야기를 하더니, 드디어 왜 가져왔는지 궁금했던 태블릿을 켠다.

"저희가요, 여기에 증거 자료를 다 가져왔습니다. 여기 있는 위원님들, 이 자료들 다 보시고, 들어주셔야 합니다!"

아마 아이를 포함하여 주위 친구들의 대화를 녹음한 파일들을 가지고 온 모양이다. 주변 아이들이 써 주었다는 확인서도 있는 것 같았다. 기껏 가지고 왔다는 증거 자료를 안 들어줄 수도 없는 노릇이어서 재생을 허락하였다.

"……"

뭐라뭐라 음성은 들리지만 아이들 말이 도무지 구체적으로 들리지 않는다. 음성이 재생되는 중간중간 부모들이 이 자료는 어떤 내용이고, 언제 녹음했고 하는 부연 설명을 해서, 안 그래도 듣기 어려운데 자료의 내용을 더 알기 어렵다. 더구나 가지고 온 자료는 수십 개의 녹음 파일이다.

"부모님, 여기서 이 모든 자료를 들어드릴 수는 없습니다. 그리고 녹취록을 따로 제출하지도 않으셔서 내용이 파악되지도 않고요. 제대로 된 자료를 제출하셔야 저희도 검토해 드릴 수 있습니다."

심의 진행이 이럴 줄 몰랐다며, 나중에라도 자료를 제출하겠다고 한다. 약간의 한숨과 함께 제출은 할 수 있지만 조치 결정 이후 제출된 자료는 검토하지 않는다고 이야기했는데도 굳이 제출하겠다고 해서 그러시라고 안내한다. 이에 더해 가지고 왔다는 확인서 이야기를 꺼낸다. 태블릿이 아무리 화면이 크다 한들 심의위원들이 볼 수 없는 사이즈인데도 막무가내였다. 추가 자료로 미리 제출하셨으면 우리가 먼저 파일을 검토할 수 있었다고 안내하였지만, 그런 줄 몰랐다며 여기서라도 봐 주어야 한다고 주장한다. 하지만 대충 보니 아이들이 쓴 확인서이고 사진을 찍었는데 잘 찍히지도 않아서, 내용은 차치하고서라도 글자를 알아보기도 어려웠다.

이렇게 상대 아이가 얼마나 나쁜 아이인지 이런저런 진술을 또 한참 이야기하며 한 시간 가까이 계속된 진술이 마무리되었다.

과연 그 부모들 말대로 상대 아이는 얼마나 나쁜 아이일 것인가 생각하며, 대기 중인 아이와 학부모를 입장시킨다.

"안녕하세요~."

배꼽 인사와 함께 깨끗하게 옷을 입은 착하게 생긴 남자 아이가 들어온다. 물어보는 질문에도 또박또박 천천히 이야기해 준다. 이 아이가 상대 아이를 수시로 폭행하고, 온갖 언어폭력과 다른 유형의 학교폭력을 친구들을 주도해서 행사했다고? 될 수 있으면 감정 이입을 하지 않지만 믿기지 않는다.

위원들의 질문과 학생 및 학부모의 대답이 이어진다. 학생의 보호자는, 자신의 아이가 가해했다고 주장하는 학부모가 환상 속에 있다고 하소연한다. 학교 선생님도, 주변 친구들도 제대로 인정하지 않는 우리 아이의 학교폭력 가해를 주장하여, 우리 아이가 지난 몇 개월 간 너무 많은 심리적 피해를 입었고, 힘든 학교생활을 하고 있음을 주장하며 눈물을 흘린다. 엄마가 우는 모습을 보는 아이도 울고, "엄마, 나 너무 힘들어. 화장실도 가고 싶어." 하면서 지친 모습을 보인다.

초등학교 저학년 아이들 사안은 서로 간의 진술 내용이 다르거나, 증거 자료가 단지 부모의 우격다짐 주장인 경우가 많다. 이 사안도 심의 결과는 서로의 학교폭력에 대한 증거불충분으로 조치없음 처분이 내려졌다.

예상했듯, 조치없음 내용이 적힌 처분결정서를 우편으로 받은 처음 피해를 주장한 학부모가 교육지원청으로 득달같이 전화를 걸어 온다.

"어쩌면 이런 결정이 있을 수가 있습니까아아아~!!!"

수화기 너머로 들려오는 소리에 사무실이 떠나갈 듯하다. 하루 이틀이 아니긴 하지만 도무지 익숙해지지 않는다.

"장학사님 자식 같으면 이렇게 결정할 수는 없습니다아아아아~!"

전화를 끊으려고 노력해도 언제나처럼 하소연은 30분 가까이 이어진다. 불복 절차에 대해 안내했지만 만족하지 못한다. 통화 말미에 화난 목소리로 "장학사님 이름이 뭐라고 했지요?" 이름을 묻는 걸 보니 또 국민신문고 민원 제기와 인권위원회 제소 등을 할 모양이다. 그러려니 할 수밖에. "네, ○○○입니다." "알겠습니다. 가만 안 있을 겁니다앗~!"

전화는 그렇게 마무리되었고, 나는 또 마음을 가라앉히려 차 한 잔을 준비한다.

자기 자식만 피해자라는, 그것도 대개 자기 이야기도 제대로 하지 못하는 초등학교 3학년 아이 말만 믿고 학교와 교육청을 뒤흔들고, 무엇보다 정작 자신의 아이와 자기 자신을 피폐하게 하는 환상 또는 망상 속에 빠져 있는 경우가 많다. 그렇게 자신만의 환상 속에 부모가 빠져 있는 동안 안타깝게도 부모가 세상의 전부인 아이가 무너져 간다. 노래가 마무리되면 무대가 정리되어야 하듯, 안타까운 환상에서 이제 그만 빠져나오길 희망해 본다. 무엇보다 그래야 아이가 자신의 인생을 살아간다. 이제 겨우 열 살이 갓 된 초등학교 3학년이다.

김 팀장님의 사안 관련 팁

　초등학교 저학년의 사안을 보면, 관련 학생 간 사실 확인서는 몇 줄 안 되어 사안을 파악하기 어렵거나, 반대로 보호자가 대필하여 온갖 내용을 작성하여 여러 장인 경우가 많습니다. 그래서 대부분 사안 개요는 꽤 오랜 시간을 들여 검토하게 되고, 학생 주장과 보호자 주장에 따른 피해 및 가해 사실을 나눕니다. 사안의 내용이 사실 별로 없음에도 보호자의 피해 사실에 대한 주장과 가해자의 반박 주장이 수십여 개에 이르는 경우가 종종 있습니다. 이에 따른 증빙 자료로 수십 장에서 수백여 장을 제출하기도 합니다. 심지어 심의 전 한 번에 제출하는 것이 아니라 수차례의 걸쳐 학교 및 교육지원청 메일로 여러 번 접수를 하는 경우도 있습니다. 그것도 모자라 심의 당일이 되어서야 위 사례처럼 화룡점정으로 온갖 자료를 제출하기도 합니다. 그러나 초등 저학년의 사례를 보면 대부분 조치결정을 하는 데 결정적 근거를 찾을 수 없는 경우가 많습니다. 그럼에도 학교에서의 심의 요청이 있으면 학교폭력예방법 절차대로 이행해야 하는 것이 장학사로서의 운명이지요.
　담당 장학사는 초등 저학년에 대한 학교폭력 접수 사안은 심의 계획부터 조치 이행 안내까지의 빈틈없는 절차대로 해야 할 것이며 행정심판 및 행정소송에 대비하여 더 숙고해야 할 것입니다.

조 변호사님의 법률 조언

학교폭력 사건을 접하다 보면 어떤 때에는 학교폭력이 아닌 학부모들 간의 폭력 사건을 처리하는 기분이 들 때가 있습니다. 아이들은 서로 화해를 한 지 오래인데, 학부모님들끼리 감정이 상해 학교장자체해결을 거부하고, 심의 혹은 더 나아가 소송까지 불사하는 경우들이 왕왕 있지요.

학교장자체해결 요건에 부모님들이 아닌 학생들 간 동의 여부를 더 반영하는 방법은 어떨지 생각해 보게 됩니다.

2. 우리 아이가 학교폭력 가해학생이라고요?

Can you speak English?

　전국 초중고교 다문화 가정 학생 수는 2021년에 처음 3.0%를 기록한 뒤 계속 높아지는 추세라고 한다. 이는 농어촌만의 현상이 아니며, 서울을 비롯한 대도시 일부 초등학교는 재학생 중 다문화학생 비율이 70%가 넘어가는 곳도 있다. 이처럼 아시아 문화권뿐 아니라 세계 여러 나라를 문화적 배경으로 하는 학생들이 증가하고 있다. 이 학생들이 우리나라에 와서 겪는 가장 큰 어려움은 당연히 언어 문제일 것이고, 이는 진로·진학을 포함한 학교생활 전반에 영향을 미친다. 이에 어떤 교육지원청은 학부모 대상 설문을 진행할 때 영어, 중국어, 베트남어, 러시아어, 캄보디아어 등으로 번역된 설문지를 제공하기도 한다. 아랍권에서 우리나라로 망명 신청을 하여 자녀가 학교에 다니게 되었는데, 영어를 하지 못하는 데다 학교 내외에 아랍어를 하는 사람이 없어서 학교생활에 많은 어려움을 겪는 사례도 있다.

　많은 다문화 학생들이 학교생활을 하다 보면 당연히 학교폭력 사안과 관련되는 경우가 있다. 학생 본인은 물론 보호자들에게 사안을 조사하고 심의 과정을 안내하고 통보하는 과정을 거쳐야 하는데, 낯선 용어와 절차를 적절히 안내하는 게 쉬운 일이 아니다.

　다문화 배경의 한 중학생이 다른 여러 학생에게 학교폭력을 가했다는 내용으로 사안이 접수되었다. 다행히 학생은 의사소통에 큰 지장은 없는 것 같았다. 하지만 문제는 보호자였다.

 이 학생은 어머니가 우리나라 분이고, 아버지가 외국 분이었다. 어머니가 심의에 출석하면 별 지장 없이 심의가 진행될 수 있을 것 같았는데, 몸이 안 좋아서 도저히 출석이 어렵다는 연락을 받았다. 그래서 아버지가 출석 예정이었는데 문제는 우리말 의사소통에 지장이 있다는 학교 측 전달이었다.

 아버지의 모국어를 하는 사람을 구하기는 어려운 상황이었고, 영어로는 의사소통이 되는지 물으니 어느 정도는 가능할 것 같다고 하였다. 장학사가 되어 심의 진행을 맡고 있는 간사 역할을 하고 있기는 하지만, 아직 나의 영어는 기초 생활영어 수준을 못 벗어나 있다. 급하게 방안을 생각해 보았다. 다행히 소속 부서에서 근무하고 있는 공익근무요원이 떠올랐다. 영어는 물론 중국어, 일본어 등을 구사할 수 있는 재원이었다. 상황을 설명하고 도와줄 수 있는지 물으니 흔쾌히 그러겠다고 대답해 주어 든든했다. 심의위원회의 논의를 거쳐 심의 조력이 가능할 것 같았다.

 심의 당일이 되어 심의실에 도착한 학생 아버지에게 통역이 필요한지 물었다. 학교 측의 전언과 달리, 다행히 우리말 소통이 어느 정도 가능한 분이었다. 다만 조금 천천히 이야기해 달라 부탁하는 정도였다.

 질의응답에 시간이 더 걸려서 평소보다 심의 시간이 조금 길어지긴 했지만, 심의가 아예 진행되지 못하는 건 아닌지 염려했는데 그 정도는 아니어서 일반적인 절차대로 심의를 진행할 수 있었다. 심의를 마치고 조치결정통보서가 주소지로 등기우편으로 전달될 것이고, 질문이 있으시면 안내문에 있는 전화번호로 연락하면 된다고 이야기해 주었다. 사실 전화가 안 오길 바라는 마음이 조금 있었다. 평소라면 민원이 염려되어서였을 텐데, 이번에는 나중에 영어로 설명해야 될까 봐 걱정이 되는 마음도 추가로 있었던 것 같다. 다행히 어머니가 있으니 망정이지, 아버지만 있으면 조치결정통보서를 영어로 번역해서 보내야 하는지 고민이 되기도 했다.

다문화 배경 학생에 대한 학교폭력 심의와 관련하여 이야기하였지만, 간혹 말을 하거나 듣는 데 장애가 있는 학생이 학교폭력 관련 학생으로 오게 되어 심의를 진행할 때 수화를 할 줄 아는 분을 섭외해야 하는 일도 있다고 한다. 학교에 다니는 학생들의 문화적 배경이 다양해지면서 공공 기관인 교육청에서 기본적인 소통의 문제에 대해 고민할 필요도 있을 것 같다.

그나저나 올해도 매해처럼 한 해 목표로 영어 공부를 또 생각해 본다. 연말이 되면 또 나의 게으름을 탓하며 다음 해를 기약하겠지만.

김 팀장님의 사안 관련 팁

장애 학생 및 다문화 학생에 대한 심의뿐만 아니라 사안 조사의 경우도 특수교육 전문가 등을 참여시켜 장애 학생 및 다문화 학생의 진술 기회를 확보하고 적절한 조력을 제공해야 합니다. 필요한 경우 보호자가 충분히 이해할 수 있도록 안내도 해야 합니다. 통역을 위해 사전에 특수교육 전문가를 위촉하거나 연계 기관을 미리 알아두는 것이 좋습니다.

조 변호사님의 법률 조언

학폭 사건에서 다문화 가정 아이들과 보호자의 통역을 지원하고 다문화가족지원센터 등의 전문적인 인력의 조력을 받도록 하는 내용을 담은 학폭예방대책관련 법률 개정안이 발의가 되었지만 아직 국회에 머물러 있어서 법으로 강제되고 있지는 않은 현실입니다.

다만 학교폭력예방법에서는 심의위원장으로 하여금 필요한 경우 전문가의 도움을 받도록 규정하고 있어 심의위원회에서 통·번역의 조력을 받을 수 있습니다.

끝날 때까지 끝난 게 아니다

　지난 항저우 아시안 게임에서 우리나라 롤러스케이트 선수가 결승선 바로 앞에서 금메달을 확신하고 만세를 부르다가 뒤따라 들어오던 대만 선수에게 역전을 당하는 모습을 본 적이 있다. 아쉬웠지만 스포츠 정신과 삶의 태도에 대해 생각해 볼 수 있었다.

　'끝날 때까지 끝난 게 아니다.(It ain't over till it's over.)'라는 말은 미국 프로야구팀 뉴욕 양키스의 포수였던 요기 베라가 한 말로, 자신의 팀이 꼴찌로 처졌을 때 기자들에게서 '이번 시즌은 끝난 것 아니냐'라는 질문을 받았을 때 이 말을 했던 것으로 알려져 있다. 흔히 스포츠 경기에서 끝까지 최선을 다하는 자세를 강조할 때 쓰이곤 한다.

　학교폭력 업무를 하다 보면 별 사고 없이 졸업을 잘 하게 된 것 같았지만 학교폭력 사안에 연루되어 유종의 미를 거두지 못해 안타까워하는 모습을 볼 때가 있다.

　중학교에서 여학생 간 폭력과 언어 피해를 주장하는 사안이 접수되었다. 한 학생이 다른 학생을 대상으로 학교폭력에 해당하는 행동을 한 것 같았다. 학생들 간 갈등은 12월 중순쯤 있었던 것 같고, 사안을 인지한 학교에서는 바로 교육청에 보고하였다. 이후 학교에서는 전담기구에서의 협의를 거쳐 12월 말에 교육지원청 심의를 요청하는 공문을 보냈다. 문제는 이 학생들이 중학교 3학년이라는 점이었다.

최근 몇 년간 학교에서 운영되는 학사일정의 특징 중 하나는 12월 말 혹은 1월 초 졸업식을 하는 학교가 많다는 것이다. 예전에는 겨울 방학 이후 2월에 개학해서 일주일 정도 학교를 나가다가 다시 봄방학을 하고 3월 새 학년도 개학을 하곤 했는데, 2월에 등교해 봐야 공부를 하는 것도 아니고, 행정 업무상으로도 새 학년도 준비가 수월하고 해서 겨울방학을 길게 하는 학교가 많다.

사안이 접수된 학생들이 소속된 학교도 마찬가지였다. 밀려 있는 심의도 있고 해서 어쩔 수 없이 심의 날짜를 학생들 졸업 이후인 1월 중순 이후로 잡을 수밖에 없었다.

졸업을 한 학생들이 나와서 피해 관련 및 가해 관련 진술을 하게 되었다. 피해학생은 가해학생의 괴롭힘으로 인해 중학교 3년 내내 힘들었지만, 다른 아이들과의 관계에 대한 염려라든지, 자기가 학교를 힘들게 다닌다고 하면 부모님이 걱정하실까 봐 말씀을 드리지 못했다는 내용으로 본인의 피해에 대해 진술했다. 가해학생은 일부 자신의 잘못을 일부 시인했고, 일부에 대해서는 부인했다. 하지만 학교에서 제출된 여러 자료들은 가해학생의 잘못된 행동을 증명하고 있었다. 가해학생의 보호자는 다행히 자식의 잘못을 인정하면서도, 학교에서 미리 알려주었으면 집에서 지도했을 텐데 연락이 오거나 하지 않아 그러지 못해 아쉽다는 취지의 이야기를 했다. 하지만 학교에서는 여러 아이들이 생활하고 있고, 싸우기도 하고 화해하기도 하고, 생활지도 외에도 정말 많은 일들이 벌어지는데 일일이 가정으로 연락해 주는 것은 어려운 일이다. 더구나 이런 발언은 듣기에 따라, '내 자식이 잘못한 건 알겠지만 그건 학교에서 그때그때

바로 연락을 안 해 줘서이지 집에서 잘못 가르쳐서가 아니니, 결국은 학교 책임이다'라는 식으로 들릴 수도 있다.

어쨌든 심의는 마무리되었고 가해학생에게 자신의 행동에 대한 선도조치처분이 결정되었다. 아마 이 학생은 졸업하면 다시 안 갈 거라고 생각했던 학교에 다시 불려가서 통보된 조치를 이행해야 할 것이고, 부모님 역시 특별교육 등을 마무리해야 할 것이다. 이제 중학교 생활은 끝났다고 생각했겠지만 끝나지 않았던 것이다.

본인들 입장에서야 뭘 이런 걸 가지고 학교폭력 접수가 되어서 졸업한 학교에 또 와야 하나 억울한 마음도 있고, 짜증이 날 수도 있을 것이다. 하지만 피해학생 입장에서는 이제라도 부족하나마 가해학생에 대한 처분이 되어 조금이라도 편히 졸업장을 다시 볼 수 있게 되고, 상급학교에 진학할 수 있지 않을까 싶다.

끝날 때까지 끝나는 게 아니다. 빛나는 졸업장이 빛바래지지 않도록, 모든 학생들이 친구들과 즐거운 학교생활을 잘 마무리하길 기대해 본다. 여러분의 새로운 출발을 응원하며.

 김 팀장님의 사안 관련 팁

학교에서는 보통 12월이나 다음 해 1월 중에 학교폭력 업무를 마무리합니다. 간혹 겨울방학식에 임박한 학사일정 등을 이유로 학생 간 갈등 사안에 대해 학교장자체해결에 대한 노력보다는 심의요청으로 바로 보내는 경향도 있습니다. 그러나 학교는 심의에 대한 결과를 받게 되면 조치 이행 계획 및 교육지원청 보고, 학교생활기록부 작성 등 업무가 더 늘어나게 됩니다. 방학 중이더라도 학생 간 갈등 해결을 위한 노력을 하는 것이 오히려 업무를 줄이는 최선의 방법이며 무엇보다 관련 학생과의 교육적 해결을 통해 바람직한 학교문화를 조성하는 것이 가장 이상적일 것이지 않을까요.

 조 변호사님의 법률 조언

끝날 때까지 끝난 것이 아니라는 이야기는 비단 스포츠계에만 해당되는 이야기는 아닙니다. 학교를 졸업했다고 하더라도, 아직 학생의 신분이 유지되는 한 여전히 학교폭력 행위에 대한 책임을 지게 되는 것이지요.

혹시 성인이 되었다고 하더라도 징계조치는 의미가 크지 않을지언정 경우에 따라서는 학생 때의 행동으로 민·형사상 책임을 지게 되는 경우가 있을 수도 있습니다.

나는 술로

　세계 알코올 소비량 평균이 연간 5.8리터인데 비해 우리나라는 8.7리터라고 한다. 청소년 건강 행태 조사를 보면, 우리나라 10대 청소년의 음주율은 코로나 19 이후 더욱 나빠졌다고 한다. 남학생 15%, 여학생 10.9% 정도가 술을 마신다고 하는데, 1회 평균 음주량이 중증도(남자 소주 5잔, 여자 3잔) 이상인 위험 음주율 역시 증가하는 추세라고 한다.
　지나친 음주가 건강에 해롭다는 건 상식이다. 청소년의 음주가 건강에 더 해를 끼치기도 하겠지만, 학교폭력에서도 음주로 인한 사안이 발생하여 본인은 물론 다른 친구들과 보호자들에게 걱정을 끼치는 경우가 있다.

　고등학교 3학년 학생들 간 학교폭력 사안이 발생하였다. 관련 학생들은 대학수학능력시험을 치른 학생들로, 수능 이후 해방감에 친구들과 술 한잔하다가 시비가 붙은 것 같았다. 아직 음주와 관련되는 법령상, 만 19세가 되는 연도에 도달하지 않은 일반적인 고등학교 3학년 학생들은 그해가 끝나기 전까지는 술을 구입할 수 없다. 하지만 일부 중, 고등학생, 심하게는 초등학생들이 어떤 식으로든 술을 구해 음주를 하고 있는 것이 현실이다.
　사안과 관련된 학생들은 평소 친하게 지내던 친구였던 것 같았다. 하긴 친한 친구였으니 수능이 끝난 후 즐거운 시간을 보내기 위해 자리를 함께했을 것이다.

그렇게 술 한잔하고 좋은 기억만 남기고 헤어졌으면 좋았을 텐데, 그만 학교생활 이야기를 하다가 마찰이 있었다. 서로 간에 언쟁 후 흥분한 학생이 상대 학생에게 술병을 던졌고, 이 술병이 깨지면서 얼굴에 상해를 입혔다. 다행히 상처는 크지 않았지만 이 일로 신고가 되어 경찰과 구급대가 출동해서 가해학생은 입건이 되고, 피해학생은 병원에 며칠간 입원을 하게 되었다.

사안 발생 이후에라도 관련 학생 간 이야기가 잘 되어 합의가 되었으면 좋았을 텐데, 그동안 다른 쌓인 감정이 있었던 것인지 혹은 보호자 간 갈등이 있었는지 서로 이야기가 잘 되지 않았다. 학생 간 발생한 폭력 사안이어서 학교에서는 인지 후 바로 교육지원청으로 사안 보고가 되었고, 피해학생 측 요구로 심의가 진행되었다.

가해학생 측에서는 사과와 반성의 의사를 전하였지만 피해학생 측에서는 진정한 사과로 보이지 않는다며 합의 의사가 없음을 진술하였다. 대놓고 말은 안 하지만 아마 합의금과 관련해서 서로 생각이 다른 부분도 영향이 있을 것 같았다. 예전에야 술 한잔하고 실수할 수도 있지 않느냐는 말을 했다지만, 그건 말 그대로 옛날 일이다. 합법적으로 술을 먹을 수 없는 시기에 술을 먹고 가해 행동을 하였으니, 가중 처벌이나 받지 않으면 오히려 다행이라고 할 수 있다.

결국 가해학생은 심의 결과 조치처분을 받게 되었다. 촉법 소년도 아니니 경찰에서 진행 중인 수사 결과에 따라서 추가로 형사 조치를 받을 수도 있고, 상대 학생 쪽에서 상해에 대한 민사 책임도 물어올 수 있다. 거기에 더해 대학 입시에서 수시 모집에 합격을 하였지만, 요즘은 최종 서류로 생활기록부를 제출하는 곳도 있는데 학교폭력 처분 사항이 기록된 서류를 제출해야 할 수 있다. 특히 재수를 하게 된다면 당연히 영향을 줄 것이다.

가해학생과 학부모들은 뒤늦게 술로 인한 실수에 대해 후회를 하며 진술을 마치고 축 처진 어깨로 심의실을 빠져나갔다. 수학능력시험을 마치고 해방감이 들겠지만 축배는 조심해서 들어야 한다. 술로 생기는 추억은 즐거운 것이어야 한다. 술 마시고 크고 작은 실수를 하는 기억이 많은 사람들에게 있겠지만, 다른 사람을 다치게 해서는 안 될 일이다. 아프게 어른이 되는 과정이겠지만, 하지 않아도 될 경험을 하게 된 학생이 안타깝다.

 김 팀장님의 사안 관련 팁

학교는 매 학년도 마지막 날 기준 6개월 미만인 사안에 대해서는 졸업 전에 조치 내용에 대해 삭제 심의를 할 수 없습니다. 또한 위 사례는 학교폭력에 대한 심의 및 조치이행 의무뿐 아니라 생활교육위원회에서 술을 마신 모든 학생에 대한 징계를 받을 수도 있습니다. 이러한 면을 학교 측에서 인지하여 관련 학생들에게 대한 면밀한 조사와 상담 활동을 하고, 갈등 해결을 위해 노력해야 할 것입니다.

조 변호사님의 법률 조언

미성년자인 학생들은 음주 사건이 많이 발생하지는 않습니다. 하지만 고등학생들의 경우 간혹 음주가 동반된 사건이 발생하기도 합니다. 그런데 고등학생들의 경우, 초·중학생들과는 달리, '입시'가 결부되어 있기 때문에 더욱 학교폭력사건에 가담하는 것을 주의해야 하는데요. 심의위원회의 조치 결정을 받게 되면 졸업 후 2년~4년까지 생활기록부에 기재 내용이 남기 때문입니다.

〈관련 조문〉
「초·중등교육법 시행규칙」
　제22조(학교생활기록의 관리·보존 등) ① 학교의 장은 「공공기록물 관리에 관한 법률」 및 같은 법 시행령에 따라 학교생활기록부 및 학교생활 세부사항기록부를 관리·보존해야 한다.

　1. 「학교폭력예방 및 대책에 관한 법률」 제17조제1항제4호 및 제5호의 조치사항: 해당 학생이 졸업한 날부터 2년
　2. 「학교폭력예방 및 대책에 관한 법률」 제17조제1항제6호부터 제8호까지의 조치사항: 해당 학생이 졸업한 날부터 4년

나이는 숫자에 불과하다

　사회적으로 저출생 문제가 심각하게 이야기되고 있다. 가임여성 1명이 일생 동안 낳을 것으로 예상되는 출생아 수의 평균인 출산율이 0.7명 아래로까지 떨어졌다고 한다. 한편으로 노인 인구 비율이 높아져서 사회적 비용이 증가하는 등의 문제가 생길 것으로 보인다는 예측이 많다. 65세 고령인구 비율이 7%, 14%, 20% 이상인 사회를 각각 고령화, 고령, 초고령화 사회라고 하는데 우리나라가 2030년을 전후로 초고령화 사회로 진입할 것 같다고 한다.
　고령화 등과 조금 거리가 있다고 생각할 수도 있지만, 학교폭력에도 나이가 문제가 되는 경우가 있다.
　현재 학교폭력 예방 및 대책에 관한 법률에 따르면, 학교폭력대책심의위원회는 학교 내외에서 학생을 대상으로 발생한 다양한 피해와 관련한 내용을 다루게 된다. 여기서 다시 '학교'는 초중등 교육법에 따른 초등학교, 중학교, 고등학교, 특수학교 및 각종학교 등을 말한다. 일반적으로 초등학교 취학 통보를 받은 이후 6년, 중학교 3년, 고등학교 3년 과정으로 학생 생활을 하게 되지만, 간혹 예외적인 경우가 있다. 개인 사정으로 인해 학업을 중도에 그만두고 생계를 이어 나가다가, 나중에 복학하여 '학생'이 되는 경우가 있는 것이다. 늦은 나이에 학교를 다니는 '학생'의 경우, 학교생활을 성실히 해 나가면서 형님, 누나 역할을 잘 해 주어 선생님들의 부담을 덜어 주는 경우도 있지만 반대의 경우도 있다.

고등학교에서 학교폭력 사안이 접수되었다. 그런데 문제는 가해학생의 나이였다. 이 학생은 말이 '학생'이지, 나이가 30대였다. 사안 내용 확인을 위해 학교 담당 선생님과 통화를 해 보았다.

해당 '학생'은 성인이 맞고, 학교에서도 어려움이 있다고 했다. 형 노릇을 잘해 주면 좋은데, 형이랍시고 학생들을 휘어잡으면서 접수된 학교폭력 사안 외에도 이런저런 생활지도의 문제가 있다는 내용이었다. 게다가 학교에서 진행하는 여러 교육활동들에 대해 불만이 있다며 국민신문고 작성이나 정보 공개 청구 등, 어지간한 학생들은 모르거나 하지 않는 방법으로 민원을 제기해서 행정적 어려움도 있는 것 같았다.

접수된 학교폭력 사안에 관련해서도 선생님들 나름대로 지도와 상담을 실시했지만 교육이 잘 되지 않는 것 같았다. 피해학생 측에서도 가해학생이 나이가 든 성인 학생이라 하니 부담이 더 되는 것 같았다.

심의에 출석해서 진술을 할 것 같은지 물으니 아마 서면 진술서나 다른 방법으로 자기 의견을 전하고, 출석은 안 할 것 같다고 했다. 실제 심의일에 출석은 하지 않은 채로 심의가 진행되었다.

어쨌든 '학생'이라 가해 내용과 관련된 조치가 통보되었고, 다행히 미이행 보고가 전해지지 않는 걸 보면 아마 조치를 이행한 것 같다.

이 학생 외에도 간혹 일반적인 학령과 다른 나이의 학생이 관련된 사안이 접수되곤 한다. 예외적이겠지만 이런 일도 있을 수 있겠다. 가끔 어릴 때 못 배운 한을 풀겠다고 일반적인 재학 연령을 훌쩍 뛰어넘어 상당한 나이의 어르신이 복학해서 학교를 다니는 경우가 있다. 이분들이 경로당이든 어디든 친구분과 소주 한잔하다 다툼이 일어나면 어쨌든 '학생'

신분이니 학교폭력으로 다뤄야 할 텐데 참 곤란하겠다는 생각이 든다.

나이는 숫자에 불과하다지만 학교폭력 사안을 다룰 때 학생 신분에 대한 적절한 연령 제한도 필요하지 않을까 싶다. 나이가 숫자에 불과하더라도 그 숫자가 학교에서 갖는 의미는 결코 작지 않으니.

 김 팀장님의 사안 관련 팁

위 사례와 같은 경우는 물론, 일반적인 학령 나이의 학생 사안에도 최근 추세는 학교 및 경찰에 신고를 동시에 하고 있는 경우가 많습니다. 학교에서는 매우 힘든 상황일 수 있으나 현재 법령상 학생 신분이라면 현행처럼 학교폭력을 인지하면 학교폭력 업무 절차대로 수행을 해야 할 것입니다.

 조 변호사님의 법률 조언

'로마에 가면 로마법을 따르라'고 했지요. 배움에 늦은 때가 없는 것처럼, 학교폭력도 때를 가리지는 않습니다.

성인의 나이로 고등학교에 입학하여 수학하는 경우에도 미성년 나이의 학생들과 똑같이 학생으로서의 신분이 주어지고 학습권도 부여받게 됩니다. 다만 다른 학생들처럼 학생으로서 의무도 주어지는데, 학교폭력 행위가 인정되면 징계에는 예외가 없습니다.

너무 비싸요

　심의가 조금 일찍 끝나 사무실에 돌아오니 학부모 전화가 왔다는 메모가 있었다. 학교안전공제회 관련 문의라는데, 그쪽에 물으면 더 빠르고 정확할 텐데 왜 교육지원청에 문의하는 걸까 싶지만, 답답한 마음에 전화를 주었을 것이니 메모에 적힌 전화번호로 전화를 건다.
　"○○교육지원청 ○○○ 장학사입니다. 전화 주셨다고 해서 연락드렸어요."
　안전공제회에서 돈을 내라는 연락이 와서 왜 그런 건지, 그 비용은 어떤 내용인지 알고 싶다는 문의였다. 사안 번호를 묻고, 어느 학생 학부모인지 살펴보니, 가해학생으로 조치 결정이 나간 학생의 학부모였다.
　아마 피해학생이 3호 조치를 받아서, 학교폭력으로 인해 입은 치료비 등을 학교안전공제회에 청구했고, 다시 학교안전공제회는 가해학생 쪽에 구상권 청구(상환청구권 행사)를 한 모양이었다.
　"얼마가 청구되었는지요?"라고 물으니 10만 원 조금 넘는 금액이라고 했다. 비용도 비용이지만 상대 아이가 어떤 치료를 받았길래 해당 학부모 쪽에서 이 돈을 내야 하는지 궁금하다고 했다. 학교안전공제회에 문의를 해 보았는지 묻자, 안 그래도 그쪽에 물어보긴 했는데 개인정보 관련이어서 알려줄 수 없다고 이야기를 들었다고 대답한다. 교육지원청에서도 마찬가지로 개인정보 관련 내용은 알려줄 수 없는 데다, 치료비 청구 등은 아예 교육지원청 업무가 아니어서 별다른 도움을 드릴 수 없다고 안내해 주었다. 일부분 수긍하면서도, 도대체 무슨 치료를 받았길래 치료비가 이렇게 많이 나오는지 모르겠다고 불만이 있는 듯한 목소리였다. 그래서 일부러 안 그래도 치료비 가지고 피, 가해학생 간 문제가 생기는 경우가 있으며, 심한 경우 피해학생 측에서 수천만 원의 비용을 청구하는 사례도 있다고 이야기했더니 그렇게 많이 청구하기도 하느냐고 되물으며 통화가 마무리되었다. 좀 더 사안을 살펴보니 피해와 가해가 분명한 경우였고, 그 정도 비용이면 피해학생 측에서도 가해학생 측을 괴롭히려는 의도 없이 필요한 비용만 청구한 것으로 보는 것이 맞을 것 같았다.

학교폭력으로 인해 발생한 치료나 상담 비용이 문제가 되는 경우가 많다. 심의 때는 우리 애가 잘못했으니 비용을 책임지는 게 맞다고 이야기했다가도 막상 청구서를 받으면 '이 돈을 다 내야 한다고? 너무 비싼데?' 싶은 마음이 들 수도 있을 것이다. 때로는 피해학생 측에서 한의원에서의 아로마 테라피를 비롯해서 비상식적으로 치료 비용을 과다하게 청구해서 문제가 되기도 하고, 지정된 병원이 마음에 안 든다면서 가고 싶은 곳에서 원하는 만큼 치료를 다 받을 수 있게 해야 하는 것 아니냐는 민원을 넣기도 한다. 그래서 교육청에서는 지정 병원이나 상담 기관 등을 정해 두어 피해학생이라고 해서 너무 마음대로 치료를 받고 과다 비용을 청구하지 않도록 하고 있지만 관련 분쟁을 모두 막기는 어렵다.

학교폭력이 발생하지 않고 행복하게 학교생활을 해 나가는 게 무엇보다 좋은 일이다. 하지만 이왕 사안이 발생해서 치료나 상담이 필요하게 된 경우라면 피해학생 측에서는 필요한 치료와 상담을 충분히 받을 수 있어야 하고, 가해학생 측에서는 너무 부당한 것이 아니라면 자신의 행동에 대한 책임을 져야 할 것이다. 물론 비용이 정상적이지 않다면 다시 민사 소송 등을 통해 이의 제기를 할 수도 있겠지만 이 과정에서 양쪽 학생은 긴 싸움에 다시 상처를 입게 될 수 있다.

사실 어느 정도의 돈으로 해결될 수 있는 일이면 마무리하고 다시 아이의 마음에 집중하는 것이 훨씬 돈과 시간을 아낄 수 있는 일이다. 안 그래도 학교폭력으로 상처 입은 아이들이, 다른 것도 아닌 어른들의 돈 싸움에 마음을 다치지 않기를 희망해 본다.

김 팀장님의 사안 관련 팁

위 사례처럼 비용이 문제가 되는 경우 분쟁조정 신청을 통해 비용관련 조정을 할 수도 있습니다. 다만 이를 잘 몰라서 분쟁조정 신청을 활용하는 학부모는 많지 않습니다.

학교폭력이 발생하면 초기 신고 접수 시 피해 및 가해 관련 측에 치료 및 보상에 대한 구체적인 안내가 필요합니다.

학교는 피해학생 측에 신고 전이라도 발생한 병원 및 상담 비용도 청구가 가능하며 신고 후 각 시도별 교육감이 지정한 곳을 이용해야 한다는 것도 안내가 되어야 할 것입니다. 다만 교육감이 지정한 병원이 아니라면 가해 측에 요구해야 함을 안내해 줘야 합니다.

가해 측에게도 피해 측이 치료 및 상담 비용에 대해 청구할 시 절차를 안내하는 것이 바람직할 것입니다.

조 변호사님의 법률 조언

학교폭력 사건이 발생하면, 심의위원회를 통하여 가해학생이 징계 조치를 받았다고 하더라도 가해학생의 모든 책임이 해소되는 것은 아닙니다. 민·형사 책임이 남아 있지요. 다만 대부분의 사건들은 피해학생이 본인의 민·형사 권리를 모르거나, 알더라도 그 절차 진행의 실익이 크지 않아 심의위원회 조치로 마무리하게 됩니다.

학교안전공제회는 이러한 피해학생의 민사 권리를 일부 보전해 주는 것이고, 가해학생에게 구상 청구를 하게 되면 가해학생은 본인의 행동에 대한 민사상 책임을 '일부' 부담하게 되는 것입니다.

보통 가해학생은 피해학생의 치료비를 학교안전공제회로부터 구상 청구 당하면 억울한 마음을 먼저 가지게 되지만, 만일 피해학생으로부터 정식 민사소송을 통한 절차가 진행될 경우 구상 청구금보다 더 큰 액수를 배상하게 될 여지가 크다는 사실을 인지하셔야 할 것입니다.

사건의 지평선

가수 윤하가 부른 '사건의 지평선'이라는 노래가 있다. 사건의 지평선은 어떠한 사건이 외부의 관측자에게 영향을 미치지 못하는 경계를 이르는 말로, 이 안에서는 중력이 너무 강해 빛조차 빠져나가지 못한다고 한다. 사실 이렇게 풀어 써도 어려운 말이다.

우리가 한 번쯤 들어봤을 블랙홀. 그 중심으로부터 어느 특정 거리 이상에서는 블랙홀에 가까이 갔더라도 다시 빠져나올 수 있는 반면, 그 경계면을 넘어서면 빛이라고 하더라도 다시 빠져나오지 못한다고 한다. 그 경계면이 사건의 지평선이다. 그리고 사건의 지평선을 넘어서면 어떤 일이 벌어질지는 알 수 없다고 한다.

학교폭력 사안을 대하다 보면 참 다양한 삶의 모습이 있구나 하는 생각을 하게 된다.

초등학교 저학년 학생 간 감정 다툼을 굳이 학교를 거쳐 교육지원청 심의를 요청하고, 다시 행정심판과 행정소송이라는 지난한 과정을 겪어 나가는 경우가 종종 있다. 하지만 때로는 사안의 내용이 무거움에도 학교장자체해결로 종결되거나, 교육지원청 심의에 올라오더라도 화해중재단에서 어느 정도 갈등이 봉합되어 와서 서로 간에 처분을 원치 않는다는 진술을 하기도 한다.

중학교 남학생 간 폭력 사안으로 심의를 하게 되었다. 사안 발생 초기에는 해당 학생들 간에 갈등이 있었던 듯한데, 가해학생 측에서 사과 의사를 잘 밝혀 주어 사안이 잘 마무리될 것 같았다. 실제로 심의실에 들어온 피해학생 측도 선처 의사가 있었다. 가해학생 측 부모님이 어떤 분이실까 궁금했는데, 심의실에 어머님이 들어오셨다.

아이가 중학생이라는 걸 생각해 보면 젊어 보이는 분이었는데 아이가 어렸을 때 남편 분과 사별하게 되어 아이와 둘이서 지내고 있다고 하셨다.

한부모 가정에서 자주 그렇듯 아빠 없는 아이라는 말을 듣고 싶지 않았고, 아이를 잘 키우려고 노력해 왔는데 이렇게 학교폭력 사안으로, 그것도 가해학생으로 오게 되어 마음이 불편하다고 차분한 어조로 진술해 주셨다.

아이 역시 엄마의 마음을 다치게 하여 죄송하고, 순간의 감정으로 실수하게 되어 상대 친구에게 미안한 마음이며, 지금은 관계가 회복되어 잘 지내고 있고 앞으로 다시는 이런 실수를 반복하지 않겠다는 말을 전해 주었다. 이와 함께 실수를 한 건 어쨌든 본인의 잘못이니 어떤 처분도 달게 받겠다는 반성의 의사도 진술하였다.

사실 이런 경우는 많지 않다. 어떻게든 자기의 잘못은 가리려 하고, 자기 아이의 잘못은 없으며 상대 아이와 학부모의 잘못으로 인해 여기까지 오게 되었다는 과정을 길고 길게 호소하고, 학교와 교육지원청의 잘못된 행정을 질타하는 혼자만의 목소리가 가득하여 정신이 혼미해지곤 한다.

어쨌든 이번 사안은 학교폭력으로 심의를 하게 되기는 했지만 사안의 내용이 크지 않고, 피, 가해 측 모두 사과와 반성, 화해가 잘 이루어져 심의가 잘 마무리되었다.

학교폭력 사안이 접수되면 정작 사안의 당사자가 아닌 학부모의 목소리만 커지는 경우가 많고, 한쪽 학부모의 요구에 의해 교육지원청의 심의까지 진행되곤 한다. 위의 사안처럼 잘 마무리되면 정말 다행이지만 학교와 교육지원청에서 여러 조사와 진술 요구에 응하면서 어린 학생들이 마음을 크게 다치는 경우가 종종 있다.

비록 학교폭력으로 심의실에 오게 되었더라도, 바로 얼마 전까지 친구들끼리 설렘보다 키다란 믿음을 담아서 손을 잡고 함박웃음을 지었음을, 친구의 목소리로 변해 있던 그 따뜻한 공기를 기억하길 희망해 본다. 그리고 비록 심의와 조치처분이라는 어린 학생들이 겪기에 딱딱한 절차가 진행되더라도 그건 그냥 서로의 끝이 아닌 새로운 길모퉁이라는 걸, 그래서 사건의 지평선 너머로 다시 펼쳐질 날들을 너무 두려워하지 않기를 응원해 본다.

김 팀장님의 사안 관련 팁

학교폭력 심의 시 사안에 대한 사실, 즉 서로 인정한 내용과 각각 주장하는 내용에 대한 쟁점을 파악해 증빙자료와 진술을 바탕으로 최대한 사실에 맞게 의결을 합니다. 여기에 당사자가 아닌 보호자의 의견은 보통 참고만 할 뿐 사안의 중심인 학생들의 의견과 뒷받침하는 증빙서류 및 발언이 중요합니다. 물론 학생이 진술을 잘 못하거나 조력이 필요한 경우는 다르겠지만 사안과는 별개로 자녀 및 보호자의 삶의 배경, 학생생활 등은 크게 심의에서 영향을 미치지 않습니다.

  심의위원은 심의 시 가해학생의 진술의 진정성 및 사실에 대한 객관적으로 뒷받침할 자료의 존재 여부와 반성 및 피해학생과의 화해 정도를 살펴보니 이를 참고할 수 있을 것입니다.

 조 변호사님의 법률 조언

  시간이 흘러 아이들이 어른이 되어서 단 한 번뿐인 학생으로서의 시간을 나중에 되돌아보았을 때, 그때를 아낌없이 반짝인 소중한 시간으로 기억할 수 있도록 반목과 다툼보다는 이해와 공감을 가르쳐주는 것이 어떨지요!

엄마의 소원

　직주접근성이라는 말이 있다. 살고 있는 집과 직장과의 접근성을 의미하는 말로, 아무래도 출퇴근에 걸리는 시간이 짧으면 삶의 행복도도 올라가고 업무의 효율성도 높아지는 등 여러모로 도움이 된다. 하지만 나는 주거지와 근무하는 교육지원청이 멀어서 출퇴근에 시간이 많이 걸리는 편이다. 대중교통도 좋지 않아서 운전을 하고 다니는데, 졸음을 쫓아준다는 껌도 씹어보고 라디오도 듣지만 순간 멍해질 때가 간혹 있다. 때로는 오늘 할 일이 뭐더라, 어제 저녁 딸아이가 뭘 해달라고 했더라 생각하다 보면 운전에 집중하기 어려울 때가 있곤 한다.

　얼마 전 중학교 학생 간 사안이 접수된 적이 있다. 가해와 피해 내용이 비교적 잘 구분되는 것 같았다. 하지만 실제 심의에서 당사자들이 어떻게 나올지는 아무도 모르는 일이다. 도무지 학교폭력으로 볼 수 없을 섯 같은 사안에도 억지 주장을 긴 시간 하는 경우도 종종 있어서 심의가 어떻게 진행될지 단정하지 않고 준비하게 된다.
　이 사안은 다행히 심의에서 피해학생 측과 가해학생 측이 예상대로 진술을 해 주는 것 같았다. 피해학생은 진단서를 제출하긴 했지만 피해 정도가 아주 크지는 않았다. 그래도 자신의 피해에 대해 적절한 조치가 있으면 좋겠다는 취지로 진술을 마무리하였다.
　다음으로 들어온 가해학생 측은 자신의 잘못을 인정하고 상대에 대한 사과를 이야기해 주었다. 원활한 심의 진행을 위해서도 그렇고, 무엇보다 교육적으로도 도움이 된다고 생각할 수 있는 진술이었다.

심의가 마무리될 시간이 되면 학생과 보호자에게 마지막으로 할 말이 있는지를 묻게 된다. 심의를 하며 여러 질문과 대답을 주고받지만 그래도 못다 한 말이 있는지, 만약 있다면 하고 갈 수 있도록 배려하는 것이다. 가해학생 측에게 이 시간은 반성과 사과의 뜻을 전하며 마무리할 기회가 되곤 하는데, 일부는 분명한 증거에도 끝까지 억울함을 주장하며 심의위원들의 한숨만 불러일으키는 경우도 있다.

이번 사안에서는 다행히 가해학생과 보호자는 자신의 행동에 대한 반성과 상대 학생에 대한 사과, 그리고 적절한 보상을 약속해 주었다. 그런데 진술을 하는 내내 침울한 표정이던 학생의 아버지가 이 마지막 진술 시간에 눈물을 터뜨렸다.

피해 혹은 가해를 불문하고 학생이나 어머니가 눈물을 보이는 경우가 종종 있다. 진술석에 티슈를 가져다 놓지만 금세 떨어져서 다시 새것을 가져다 놓게 된다. 안타까운 모습이긴 하지만 간혹 사실이 아닌데도 거짓된 눈물을 보이는 경우가 있기 때문에 감정 이입을 하지 않고 건조하게 진술을 바라보려 노력한다. 대개 눈물을 보이는 건 아무래도 어머니 쪽인데 이번 사안에서는 아버지가 눈물을 보이고 있었고, 흐느끼는 목소리로 사연을 이야기해 주었다.

직장에 다니는 어머니가 며칠 전 출근길에 교통사고를 크게 당해 병원에 입원하게 되어 오늘 심의에 참석하지 못하게 되었다는 내용이었다. 의식을 잃었던 어머니가 다행히 심의 전날 의식을 되찾았는데, 깨어나자마자 한 말이 '여기가 어디야? 우리 아이 심의 가야 하는데, 오늘이 며칠이야? 잘못했다고 사과하고, 결과가 너무 무겁게 나오면 안 되는데…'였다고 한다. 이 이야기를 전하며 아버지는 굵은 눈물을 쏟고 있었다. 그러면서 핸드폰에 아이 엄마가 녹음을 한 말이 있다며 시간이 된다면 꼭 들려 드리고 싶다고 했다. 심의위원들이 허락을 하고 녹음 파일을 재생하였다. 어머니는 힘없는 목소리로 부모로서 자식의 잘못을 반성하고 있으며, 선처를 해 주시면 좋겠다는 바람을 이야기하고 있었다.

앞서 쓴 대로 감정에 호소하는 이런 진술은 학교폭력 피, 가해 사안 심의의 성격과 다른 경우도 있고, 무엇보다 내용이 거짓일 수도 있다는 생각을 하고 접근하게 된다. 하지만 이 사안에서는 다행히 가해학생이 자신의 잘못을 인정하고 있었고, 학생은 물론 부모님의 사과와 반성의 의사가 잘 전달되는 것으로 심의위원들이 판단하여 조치 결정이 나오게 되었다.

가해학생의 어머니가 어떤 이유로 교통사고를 당하게 되었는지는 알지 못한다. 사유를 물을 수도 없는 노릇이었다. 그냥 학생의 아버지 이야기를 들어 보니, 아마도 어머니는 여느 다른 집들이 그렇듯 평소 사춘기 행동으로 이런저런 속을 썩이던 아이가 어느 날 학교폭력 가해학생이라는 학교의 연락을 받고 심란한 출근길이지 않았을까 하는 생각이 들었다. 그렇게 멍한 상태에서 출근을 하다 의도치 않게 교통사고를 당했고, 의식을 잃은 와중에도 아이 걱정을 하지 않았을까 싶은 마음도 들었다. 물론 이 모든 것이 나의 상상일지도, 그냥 거짓일 수도 있다는 것을 알고 있다. 하지만 어차피 심의 결정을 내리는 것은 심의의원들의 몫이니, 이번에는 나는 그냥 자기 잘못을 인정하고 사과하는 저 아이와 아버지, 그리고 녹음 파일 속 어머니의 목소리를 인정하고 싶었다. 사고로 만신창이가 된 몸으로도 엄마는 자신의 아이가 이번 일을 계기로 더 이상 비뚤어지지 않기를, 비록 한때 잘못을 저지르긴 했지만 조금이라도 벌을 덜 받을 수 있으면 좋겠다고 소원했으리라…. 그냥 그렇게 생각해 보기로 했다.

법에도 인정이 있다는 말이 있는 것처럼 학교폭력대책심의에도 마음이 있을 수 있다. 여긴 그래도 어쨌든 '교육'이 우선인 곳이다. 모쪼록 학생 어머니의 쾌유를 빈다.

 김 팀장님의 사안 관련 팁

학교폭력 심의 시 가해학생에 대한 조치를 결정하는 세부 기준이 있습니다. 크게 다섯 가지인데 학교폭력의 심각성, 지속성, 고의성, 반성 정도, 화해 정도입니다. 각각의 항목에 대해 0~4점 척도로 나뉘어 총합 점수를 논의한 후 기준에 따라 제1호부터 제9호까지 조치결정을 합니다.

학교폭력 신고 접수부터 심의 당일 진술까지의 학생의 진정성 있는 반성과 그간의 피해학생에 대한 사과 노력 여부 등에 따라 각 판정 점수는 달라집니다. 또한 학생 및 보호자의 최후 진술에서 진정성 있는 답변을 한다면 심의위원회 조치결정 시 1단계나 2단계 정도 낮은 조치 경감을 받을 수도 있습니다.

조 변호사님의 법률 조언

학교폭력 사안이 접수된 이후에도 당사자들은 학교장자체해결 여부를 심의하여 심의에 이르지 않고 사안을 마무리할 기회를 부여받게 되며, 학교장자체해결이 성사되지 않더라도 반성과 화해 여부는 조치 결정에 큰 영향을 주게 됩니다.

우리 애가요? 이런 행동을요? 왜요?

 MZ세대라는 말이 최근 몇 년간 많이 퍼진 듯하다. 1981년부터 1990년대 초중반생인 밀레니얼 세대와 1990년대 중후반부터 2010년대 초반생인 Z세대를 묶어 부르는 신조어라고 한다. 이들이 나이가 들어 직장 생활을 하게 되면서 기존 세대와 갈등을 겪기도 하는 것 같다. 상사의 업무 지시에 대해 MZ 세대가 자기 소신을 가지고, 이른바 '3요'라고 해서 '제가요? 이걸요? 왜요?'라고 대답한다는 이야기가 퍼진 적이 있다. 거기에 '지금요?'를 더해 '4요'라고도 한다. 하지만 세대 간 갈등이야 어느 시대든 있었던 일이고, 오히려 분명한 자기 생각을 드러내는 것이 일이나 생활에 더 도움이 되지 않을까 싶기도 하다. 우리나라는 민주주의 국가 아닌가.
 학교폭력 사안 심의를 하면서도 가끔 3요 비슷하게 '우리 애가요? 이런 행동을요? 왜요?'라는 말을 들을 때가 있다.

 초등학교 여학생 간 사안 심의를 할 때였다. 장학사는 대개 심의 전에 심의실에서 심의위원들과 사안 내용을 공유하고 심의 방향에 대해 논의한다. 그 사이 사안 관련 학부모와 학생은 심의실 바깥에서 본인 여부를 확인받고, 유의 사항을 안내받게 된다. 그런데 바깥에서 소란스러운 소리가 나서 나가보게 되었다.
 아버지 한 분이 딸로 보이는 여자아이를 야단치고 있었다. 너 때문에 바쁜데 이런 곳까지 오게 되었다는 아빠의 꾸지람에 여자아이는 눈물을 흘리고 있었다. 그리 큰 사안은 아닌 것 같으니 너무 혼내시지 말라고, 심의 잘 받고 돌아가서 학교생활 잘하면 되는 거라고 달래 주었지만 어린아이가 어른에게 혼나는 모습을 보고 있는 건 불편한 일이었다.

진술 시간이 되어 심의실에 들어온 아이는 여전히 훌쩍거리고 있었고, 아버지는 화나 있었다. 사안 관련한 내용을 확인하고 아이에게 이것저것 물어보았지만 주눅이 들어서인지 대답을 잘 하지 못했다. 아버지는 간략한 사안 개요는 확인하고 왔지만 자세한 내용은 듣지 못하고 온 것 같았다. 아마 학부모확인서는 심의실에 오지 않은 어머니가 작성하여 제출한 듯했고, 학교에서 담당 선생님이 전화를 한 것 같긴 했지만 아버지는 대강의 내용만 들은 듯했다.

사안 내용 확인을 위해 친구들 간의 관계, 사안이 발생한 날의 상황, 사과는 진행되었는지 등을 물어보았지만 아이는 훌쩍거리며 눈치를 보고 있었고, 아버지는 내용을 잘 알지 못했다. 오히려 '처음 듣는 이야기인데요? 우리 애가요? 그런 행동을 했다고요?'라고 물어보기도 했다 심지어 '왜 그랬을까요?'라고 질문하기도 했는데, 아이가 왜 그런 행동을 했는지 아빠도 모르는데 심의위원들이 알 수는 없는 노릇이다.

진술 말미에 하고 싶으신 말씀이 있는지 시간을 드리니, 먹고사느라 바빠서 지방에서 지내느라 아이와 만나기도 어렵고, 대화를 거의 못한다는 식의 내용을 말씀해 주셨다. 가끔 직장 일 때문에 아이와 평소 대화를 잘 하지 못한다는 이야기를 하는 보호자들이 있는데, 이분도 그런 듯했다. 학교에서 제출한 자료를 다시 보니 아이가 쓴 확인서에 본인의 행동에 대한 반성과 함께 아빠와 놀이공원에 가기로 한 날이었는데 아빠가 바쁘다고 못 와서 그러지 못하게 된 날 다툼이 있었다는 내용도 있었다. 울고 있는 아이가 안쓰러워졌다.

가족을 위해 돈을 버느라 바쁜 마음이야 충분히 이해가 되는 일이다. 하지만 아이 역시 오래간만에 보는 아빠랑 엄마 손을 잡고 놀이공원에 얼마나 가고 싶었을까. 아빠 입장에서는 아이가 친구들과 싸운 것도 화가 나고, 안 그래도 일하느라 바쁜데 시간 내서 심의에 참석하느라 짜증도 날 수 있을 것이다. 그래도 그런 아빠를 보고 싶어 했을 아이의 마음을 조금이라도 들여다보면 얼마나 좋을까 하는 생각이 들었다. 먹고 사느라 바쁘다고 아이 마음을 놓치면, 훗날 그 아이 뒤치다꺼리하느라 훨씬 더 품이 더 많이 들 수 있다. 무엇보다 언젠가 세월이 흘러 아이가 어른이 되면 아빠를 마음에서 영영 놓아버릴 수도 있다.

시간은 생각보다 훨씬 빠르게 흐른다. 아이가 품에 있을 때 많이 안아주고, 이야기를 들어주고, 눈 맞춰 주면 좋겠다. 진술을 마치고, 다시 혼나면서 집으로 향하는 아이의 들썩거리는 어깨가 안타까웠다.

 김 팀장님의 사안 관련 팁

심의위원회 참석 안내서는 관련 학생 측에 등기우편으로 발송하는 것이 일반적입니다. 이에 더해 심의 전일과 당일에 다시 한번 참석 여부를 업무 담당 주무관 혹은 간사가 확인을 합니다. 이때 실제 사안에 대해 정확히 인지하고 있는 보호자인지 아니면 가족 중 다른 이가 참석을 한다면 사안에 대해 인지 여부를 물어봐야 할 것입니다. 만일 사안에 대한 내용을 충분히 인지하지 못하였다고 판단된다면 심의 전 관련 자료를 제공해야 할 것입니다.

물론 심의 직전에 사안에 대한 개요를 확인하고 유의사항에 대한 확인서를 보호자가 직접 서명하지만 보통 대충 읽거나 확인하지 않은 채 서명하기도 합니다. 보호자는 심의 전 반드시 꼼꼼히 사안 내용을 살펴보고, 심의실 입장 전 대기 시 자녀와 사실을 확인, 점검하고 충분히 내용을 숙지할 것을 당부합니다.

 조 변호사님의 법률 조언

학교폭력대책심의위원회는 당사자가 어린 학생들로 바뀌는 것일 뿐, 이른바 재판이라고 보아도 무방할 정도로 절차가 닮아 있습니다. 피해학생이든 가해학생이든 미성년 학생들이 생판 처음 보는 어른들 앞에서 일종의 취조를 당하는 것은 엄청난 충격을 줄 수 있는 사건인 것이지요.

너무 우리 아이를 감싸도 문제이나 우리 아이를 감싸주지 않는 것은 더 큰 문제라고 보입니다. 잘잘못은 심의위원들이 결정할 테니 부모님들은 난생 처음 겪는 절차에 놀랐을 아이들을 보듬어 주셔야지요!

유토피아

'유토피아'는 1516년 토마스 모어가 만든 소설에서 시작된 말로, '아무 데도 없는 곳'을 뜻하는데 '좋은 곳'을 의미하는 그리스어와 동음이의어라고도 한다. 이후 '유토피아'는 일종의 '이상향'을 뜻하는 단어로 여러 문학 작품과 영화 등을 통해 재생산되고 있다. 조지 오웰의 '1984' 등에서 다루는 이상적인 사회의 모습은, 한편으로는 좋은 것 같으면서도 그런 사회가 되지 않아야 하겠다는 다짐 같은 것을 전달하는 내용이 전개되기도 한다.

초등학교 학생 간 따돌림이 있었다는 내용으로 사안이 접수되었다. 몇 명의 학생이 한 학생을 괴롭혀 온 것 같았다. 대개 이런 사안이 그렇듯, 장난이라고 시작한 행동이 상대 학생에게 정신적 피해를 주었다고 신고되었다.

학년이 마무리되어 졸업식까지 끝났는데 심의 일정이 잡혀 심의가 진행되었다.

가해학생들은 장난이었다고 주장하는 못된 행동이 한 학기 이상 지속된 것으로 보였다. 가해학생들은 서로 무리지어 피해학생을 괴롭혔는데, 학교에서 일상적으로 할 수 있는 말과 행동을 꼬투리삼아 비웃거나 때로는 밀치는 등의 약간의 신체적 피해도 입힌 것 같았다. 그나마 가해학생들은 다행히 주눅 든 얼굴로 자신들의 행동을 인정하고 반성하는 모습이었다.

　심의 과정에서 심의 위원들은 가해학생들에게 어느 학생이 이런 행동을 주도했다고 생각하는지 물어보게 되었다. 이런 질문을 받게 되면 어떤 경우는 잘 기억나지 않는다거나 따로 주도한 친구는 없는 것 같다고 하지만, 이번 사안에서 가해학생들은 서로 다른 학생을 주동자로 이야기하고 있었다. 즉 이런 나쁜 행동이 있었다는 건 인정하겠지만, 내가 주도한 것은 아니고 쟤가 먼저 하길래 나는 그냥 따라 했을 뿐이라는 식의 주장으로 보였다. 눈물겨운 우정이었다. 가해학생 중 한 학부모는 본인 자녀의 잘못이 일부 있었던 것은 인정하고 사과하지만, 학교에서 아이가 이런 잘못된 행동을 하고 있다고 미리 알려 주었으면 지도했을 텐데 그러지 않아서 이렇게까지 오게 된 것이 아쉽다는 내용으로 진술을 하고 있었다. 거꾸로 본인 자녀가 그 정도밖에 안 되는 아이라고 담임 선생님에게 미리 알려주었으면 선생님도 더 적극적으로 지도했을 텐데 그러지 않아서 이렇게까지 오게 된 것이 아쉽다고 선생님이 이야기하면 이 학부모는 받아들일 수 있을까. 이런 식의 이야기는 사과로도, 반성으로도 받아들이기 어려운, 겉으로는 사과인 듯 보이나 책임 회피를 위한 말이라고 할 수 있을 것이다.

　피해와 가해학생들은 모두 중학교 진학을 앞두고 있고, 이미 학교 배정을 받았다고 했다. 안타까운 점은 피해학생이 본인 집 베란다에서 뻔히 보이는 도보 통학이 가능한 학교를 두고 굳이 버스를 타고 한참 가야 하는 학교를 지망하여 배정받았다는 것이었다. 이유는 도저히 가해학생들과 함께 중학교를 다닐 수 없을 것 같아서라고 했다. 가해학생들에 대해 강제 전학 조치가 내려지는 경우 상급 학교 배정 시 다른 학교 배정을 요청할 수도 있지만 강제 전학 조치가 그렇게 쉽게 내려지지는 않는 데다 이번처럼 학교 배정이 끝난 상태에서 재배정을 요청하기는 어렵다. 피해 학생이라는 결정이 내려지면 이를 근거로 재학 중인 학교에 대해 교육 환경 변경을 요청할 수도 있지만 학교와 교육지원청에서의 절차가 있기도 하고, 일부의 경우겠지만 이런 절차를 악용하려는 학생이 있는 데다 고려해야 할 것들이 있어 이러한 요구가 다 받아들여지지는 않는다. 이 사안에서는 결국 피해학생은 가해학생을 피해 집에서 먼 학교를 다녀야 하는데 가해학생들은 친구들과 함께 집 가까운 학교를 다니게 되었으니, 피해학생 입장에서는 여러 가지로 억울한 면이 있을 것이다.

피해학생이든 가해학생들이든 새로 배정받아 가게 되는 중학교가 유토피아가 되지는 못할 것이다. 피해학생은 얼마 전까지만 해도 본인이 다녀야 할 거라고 생각하지 않았던 먼 학교에 다녀야 하고, 가해학생들은 학교폭력 가해학생이었다는 꼬리를 달고 신입생이 되어야 한다. 하지만 어쨌든 양쪽 다 이제 초등학교를 졸업하는 아직 어린 학생들이다. 어느 학교든 생활하다 보면 이런저런 마찰은 있기 마련이다. 피해학생은 새로 가는 학교에서 좋은 친구 사귀어서 그곳에서 더 많이 행복하길, 가해학생들은 이제 더 이상 같은 잘못을 저지르지 말고 주변 친구들에게 주먹 말고 따뜻한 손을 내밀어 주는 사람이 되길 기원해 본다.

행복의 파랑새는 먼 곳에 있는 게 아니다. 지금, 여기 내가 있는 곳이 유토피아라고 생각하고 마음 편히 중학교 생활을 하면 좋겠다. 암, 그럴 수 있을 것이다.

김 팀장님의 사안 관련 팁

학부모의 자식사랑은 이해되나 조금 더 상대를 이해하려는 마음이 조금이라도 있었더라면 진술 시 보호자는 위의 경우처럼 진술하지 않았을 것입니다. 진정 자녀를 위한다면 잘못을 인정하고 사과의 뜻을 밝히고 추후 다시 잘못이 발생하지 않도록 가정에서 잘 지도하겠다고 하면 되지 않을까요. 자식을 위한 변명만 하게 되면 심의위원들에게 오히려 반성 및 화해 정도에서 점수를 많이 잃어 중한 조치를 받을 가능성도 있습니다.

학년 말이나 학교급이 달라지는 2월에 학교폭력 사안접수가 되면 학교와 교육지원청은 난감합니다. 학년도를 마감하는 2월인데, 사안을 접수하고 조치이행 및 생활기록부 기재를 해야 하니 시간적으로나 물리적으로 굉장히 어렵기 때문입니다. 최대한 2월에 마무리를 하는 것이 좋으나 그렇지 못한 경우 행정적으로 수반되는 업무가 많아지게 됩니다.

학교는 접수가 되면 신속히 자체해결 또는 심의 요청을 하고 교육지원청은 빠른 심의 및 조치의결 안내를 해야 학교에서도 조치이행까지 마무리를 할 수 있을 것입니다.

최근에는 1~2월에 학교폭력 피해를 신고하기보다 개학 시기인 3월 초에 신고하는 경우가 늘고 있습니다. 아마도 학교가 방학 중에는 업무에 대해 소홀할 것이라는 추측과 상급 학년 진급 시 가해학생에 대한 불이익을 더 줄 수 있다는 안타까운 기대감이 있지 않나 생각됩니다. 하지만 학교와 교육지원청에서는 시기와 상관없이 신고 접수부터 조치 결과 이행 안내까지 절차에 따른 공정하고 객관성 있는 조사 및 심의를 한다는 것을 전하고 싶습니다.

조 변호사님의 법률 조언

'따돌림'이란 학교 내외에서 2명 이상의 학생들이 특정인이나 특정 집단의 학생들을 대상으로 지속적이거나 반복적으로 신체적 또는 심리적 공격을 가하여 상대방이 고통을 느끼도록 하는 모든 행위를 뜻하는데요.

법원은 학교폭력에 해당하는 '따돌림'인지 혹은 일시적인 갈등에 불과한지 여부를 판단함에 있어 여러 요소 중 '교우 관계 형성을 방해하는 행위까지 나아갔는지 여부'를 판단하고 있습니다.
(수원지방법원 2020. 9. 17.선고 2020구합60551 판결 등)

이 구역의 연기대상

학교폭력대책심의위원회에서 심의를 마친 후 조치 결정을 하기 위해서는 기준이 필요하다. 인터넷 등 여러 곳에서 쉽게 그 기준을 찾을 수 있는데 심각성, 지속성, 고의성, 반성 정도, 화해 정도 등 다섯 가지에 대해 학교에서 제출된 자료와 진술 내용을 바탕으로 점수를 매기고, 이를 합산하여 각각의 조치 결정을 내리게 되는 것이다.

학교폭력대책심의위원회에 오는 경험을 하게 되는 학생들은 그리 많지 않기 때문에 심의 장소에 오는 것만으로도 부담감을 느끼는 경우가 많은데, 개중에는 여러 번 심의를 오는 학생들도 있고, 혹은 변호사나 인터넷 등을 통해 정보를 알아보고 심의 준비를 하고 오는 경우도 있는 것 같다.

두 건의 심의를 하게 된 날이었다. 초등학생 저학년 두 아이의 다툼에 대해 심의 및 조치결정에 참여하고 두 번째 심의를 하게 되었다. 피해학생과 보호자가 먼저 진술을 하고 심의실을 나갔는데, 예정된 시간이 조금 지났는데도 가해학생과 보호자가 도착하지 않았다. 잠시 시간이 나는 틈에 심의실을 나와 복도에서 서성이고 있었는데 학생 한 명이 접수 업무를 하는 담당 주무관님 쪽으로 향하는 것이 보였다. 껌을 짝짝 씹으면서 건들거리는 몸짓으로 핸드폰을 보는 모습에서 가해학생임을 짐작할 수 있었다. 잠시 뒤 그 학생 뒤로 보호자들이 오는 것도 볼 수 있었다. 내가 담당 장학사인 것은 모르는 것 같았다. 심의 안내와 접수를 마치는 동안 학생의 모습을 보고 있으니 평소 학교생활이 보이는 듯했고 보호자의 마음고생도 느껴지는 것 같았다.

잠시 뒤 내가 간사 역할을 하는 담당 장학사임을 밝히고 심의실로 안내하였다. 자리에 착석하고 진술을 하는 모습을 보게 되었는데, 어느 틈에 학생의 모습이 달라져 있었다.

동네 건달 같았던 복도에서의 모습은 온데간데없이, 세상 착한 표정으로 약간 주눅이 든 듯한 말투의 진술 태도를 보이고 있었다. 한편으로 웃기기도 하고, 한심하기도 했지만 간사가 심의 중에 관여하기는 어려워 평소처럼 심의 진행만 기록할 뿐이었다. 심의위원님들의 질문에 자신의 잘못을 반성하고 있으며, 기회가 되는 대로 사과를 전하고 싶다는 취지의 진술이 이어졌다. 진술을 마치고 학생과 보호자가 퇴장한 후 조치결정을 위한 논의가 시작되었다.

심의실 입장 전과 입장 후가 너무나 달랐던 학생의 모습이 떠오르면서, 혹시 조치처분이 너무 가볍게 나오면 아까 본 학생의 모습을 위원님들이 참고할 수 있도록 이야기해야겠다는 생각이 들었다. 친구의 돈을 빼앗고, 상해가 심각하지는 않았지만 폭행을 계속하면서 위협을 가해 온 사안 내용대로 위원님들은 조치처분 결정을 내렸다. 연기로 보였던 가해학생의 진술에도 불구하고 조치처분 결정은 어느 정도 무겁게 내려졌다. 조치처분이 이 정도면 어떨 것 같냐는 위원장님의 물음에 아까 심의실 밖에서 본 학생의 모습을 이야기하면서, 혹시 처분이 너무 가볍게 나오면 그 이야기를 드리려고 했는데 조치처분이 적절하게 내려진 것 같아 말씀 드리지 않았다고 하니 위원님들이 웃는다.

회의 내용을 정리하며 학교에서 교육지원청으로 제출한 서류 중 내용을 보니, 가해학생에 대해 '교사 앞에서는 반성하는 모습을 보이지만 비슷한 잘못된 행동이 반복되고 있다'는 의견이 적혀 있었다. 교사로 일하던 시절, 일 년 내내 다시는 안 그러겠다는 거짓말을 입에 달고 지내면서 친구들과 선생님들을 괴롭히던 몇몇 아이들이 떠올랐다. 그 아이들은 친구들과 선생님들이 비록 겉으로 티를 덜 내긴 했지만 본인들에게 어떤 평가를 내리고 있었는지, 알게 모르게 어떤 불이익을 주고 있었는지 잘 몰랐을 것이다. 심의가 진행된 이 가해학생도 자신의 잘못을 조금이라도 가리기 위해 노력했겠지만 조치처분 결과를 보면 별다른 소득을 얻지 못한 것 같다.

'여러 사람을 잠깐 속일 수 있고, 한 사람을 오래 속일 수 있지만, 여러 사람을 오래 속이기는 어려운 법이다'라는 말이 있다.

학교폭력을 저질러 놓고서 반성하는 척, 사과하는 척하는 건 별반 도움이 되지 않는다. 혹시 잠시 조치처분을 한두 단계 가볍게 받아서 좋아하더라도 긴 인생에 마이너스일 뿐이다. 자신의 잘못을 진지하게 돌아보고, 앞으로 잘 지낼 수 있도록 여기가 아닌 정말 달리진 내가 되기 위해 노력해야 한다. 그게 본인을 위해, 그리고 사랑하는 가족을 위한 진짜 인생대상을 탈 수 있는 길이다.

 김 팀장님의 사안 관련 팁

심의위원회 개최 요청 접수가 되면 모든 자료를 검토하게 됩니다. 1차적으로 담당 간사 즉 장학사가 미비한 점을 찾게 되면 전담조사관 및 해당교 책임교사를 통해 재확인을 하게 됩니다. 위 사례처럼 평소 학생의 생활 및 학교폭력과 관련된 기타 사항도 기록되어 보고됩니다.

학생과 학부모 입장에서는 처음 보는 심의위원이라 할지라도 사안 관련 자료에 대해 꼼꼼히 살펴보고 예상 질의문을 준비합니다. 이때 증빙 자료와 다를 시 재차 확인합니다. 이렇듯 재차 확인하는 것은 때로 거짓 증언을 한다는 것을 알기 때문입니다. 또한 연기하듯 잘못을 인정하는 것은 누가 봐도 어색함이 보입니다. 심의위원 구성을 보면 수십 년 경험이 있는 교사, 경찰, 변호사, 전문가, 학부모입니다. 심의위원들은 손가락 및 발 움직임, 자세, 언어 등 관찰을 통해 참인지 거짓인지 어렵지 않게 알 수 있습니다.

 조 변호사님의 법률 조언

학교폭력대책심의위원회 조치결정은 심각성, 지속성, 고의성, 반성 정도, 화해 정도 등 다섯 가지 요소만을 기준으로 점수를 매기고 평가합니다. 그러다 보니 여러 차례 심의를 겪어본 학생이거나, 정보를 미리 알게 된 학생의 경우 일종의 저득점을 위한 요령이 생기는 아이러니가 발생하기도 합니다.

그중에 '반성 정도'라는 요소가 가해학생들의 주된 공략 대상인데요, 이는 오로지 가해학생의 태도만을 두고 평가를 하기에 일회성 연기로 한 번은 넘어갈 수도 있습니다. 하지만 진정한 반성을 하지 않은 학생의 경우 필시 다른 사건으로 심의위원회에 출석할 일이 생기게 되어 '진짜 태도'를 평가받게 되지요.

3. 우리 아이는 그런 애가 아닙니다

개싸움

혼자 사는 사람들이 늘면서 개를 키우는 집들이 많아졌다고 한다. 얼마 전에는 개식용금지법도 통과되었고, 개를 유모차에 태우고 다니는 모습을 보는 것도 흔한 일이다. 사회적으로 개를 대하는 인식이 불과 몇 년 사이에 많이 달라진 것 같다. 하지만 여전히 개는 부정적 의미를 가진 단어에 함께 쓰이기도 한다. 잘 알려진 대표적인 욕에도 개가 쓰이고, 자기 생각에만 사로잡혀 어리석은 싸움을 하는 진흙탕 다툼에도 개싸움이라는 단어를 쓸 수 있을 것 같다.

학교폭력 사안을 접수하다 보면 '이건 개싸움이야' 싶은 내용을 접하곤 한다. 특히 학교폭력 사안을 접수해 봐야 양쪽 다 손해 볼 것이 뻔한데도 그저 상대방을 흠집 내기 위한 목적이 분명해 보이는 어리석은 다툼을 심의할 때가 있다. 대개 이런 경우 양쪽이 함께 피해 및 가해학생으로 분류되는 소위 '맞폭' 사안인 경우가 많다.

가끔 운동선수가 가해 혹은 피해학생으로 보고되는 경우가 있다. 운동선수의 경우 학교폭력 가해학생으로 조치처분을 받게 될 경우 일반 학생과 달리 경기 출전에 제한을 받게 되는 추가적인 불이익이 있다. 게다가 일반적인 학교폭력 사안은 가벼운 조치처분을 받고 이를 이수하게 되면 생활기록부에 기록되지 않거나 나중에라도 기록이 삭제되지만, 학생 선수들은 공식적인 처분은 아니지만 학교폭력 전력이 기록으로 남아서 해당 학생이 추후 프로선수 또는 국가대표로 활동하거나 지도자 수업을 받을 경우 여론의 따가운 지탄을 받기도 한다. 최근에도 유명 야구 선수가 훌륭한 기량을 보이고 있음에도 불구하고 국가대표로 발탁되지 못하는 등의 사례가 있었다. 그래서 학교에서 운동선수들을 대상으로 학교폭력 예방을 위해 더욱 신경 쓰고 교육을 실시하곤 하며, 경미한 학교폭력 사안은 될 수 있으면 학교장자체해결 등을 통해 교육지원청의 심의까지는 진행되지 않도록 애쓰고 있다.

중학교에서 두 학생 간 사안이 접수되었다. 이 두 학생은 모두 운동부 소속 학생으로 활동 중이었는데, 서로에게 학교폭력을 가하거나 피해당했다고 주장하고 있는 내용이었다.

두 학생은 경기 중 서로의 경기력이 부족했다며 말다툼을 한 후 약간의 폭력이 있었던 것으로 보였다. 다행히 주변에 있던 친구들이 갈등 초기에 두 학생을 말려주었고, 상해 정도는 크지 않았다. 이 정도면 사안 보고 자체가 되지 않거나, 학교장자체해결로 마무리될 수 있을 것 같았다.

하지만 한 학생 쪽에서 자신의 자녀가 피해를 입었다고 학교폭력 사안 접수를 했다. 상대 학생 쪽에서는 둘 다 잘못한 일이긴 하지만 어쨌든 자신의 자녀가 잘못한 부분이 있다 하니 사과하고 될 수 있으면 학교장자체해결로라도 마무리 짓고 싶다는 의사를 전했지만 거부한 모양이었다. 이에 자신의 자녀가 일방적으로 피해학생으로 조치처분을 받는 것은 부당하다고 생각한 부모가 상대 학생을 대상으로 가해를 주장하게 되어 서로 간에 가해와 피해의 내용이 접수되어 심의가 진행되었다.

학교에서 보고된 대로 사안의 내용은 크지 않았다. 하지만 어쨌든 약간의 언어폭력과 물리적 충돌이 있기는 했기 때문에 어쩔 수 없이 두 학생 모두에게 피해 내용과 가해 내용을 담은 조치결정이 통보되었다. 그리고 선수 신분이어서 스포츠 윤리센터에 이와 같은 조치처분 내용이 전해졌으니, 조치처분에 맞게 출전 정지 처분도 추후 학교로 통보될 것이었다.

학교폭력 피해와 가해 내용을 들여다보고 적절한 처분을 내리는 것은 필요한 일이다. 하지만 굳이 심의까지 오지 않아도 될 것 같은 사안에 대해 서로 처분을 받게 되면, 선수 출신 학생들은 출전 정지라는 불이익이 추가된다. 이걸 뻔히 알면서도 시시비비를 따져 달라고 부모들이 감정의 날을 세우고 있는 것을 보면서, 굳이 서로에게 상처만 남을 싸움에 힘을 빼다니 참 어리석다는 생각을 하지 않을 수 없다. 못난 어른들 싸움에 자신의 꿈에 괜한 어려움이 더해질 학생들이 안타깝게 느껴진다.

 김 팀장님의 사안 관련 팁

학교폭력 신고부터 조치 의결 전까지 학교 내 관계회복 프로그램 혹은 지역교육지원청 내 화해중재단이 있어 갈등 해결을 위한 지원프로그램이 있습니다. 이를 통해 서로의 의견을 들어 전달하거나 서로 만나 갈등을 풀 수 있습니다. 학교폭력이 경미한 사안은 대화를 통해 해결할 수 있는 방안을 모색하는 것이 바람직합니다.

조 변호사님의 법률 조언

최근 교육청에서는 운동부 학교폭력 근절을 위하여 지침을 강화하고 신분상 및 자격상 징계가 이루어질 수 있도록 나서고 있습니다.

가해학생으로 징계를 받을 경우에는 조치 사항에 따라 최소 3개월부터 최대 12개월까지 대회 참가를 제한받을 수 있습니다. 만약 퇴학 처분을 받는다면 사안에 따라 5년에서 최대 10년까지 선수 등록을 금지할 수도 있으니 장래 운동선수를 꿈꾸는 학생들이라면 더더욱 학교폭력 사건에 휘말리지 않도록 주의해야 할 것입니다.

국가의 역할

　학교폭력에 대해 정부 차원에서 법적, 제도적으로 대응하게 된 것은 그리 오래되지 않았다. 그전까지는 애들끼리 싸울 수도 있는 거고, 그러면서 크는 거라는 식의 인식이 있었지만, 2011년 대구에서 한 중학생이 친구들에게 폭력을 당하다가 세상을 등지게 된 일이 크게 이슈가 되면서 학교폭력에 대해 교육부를 중심으로 대응책을 마련하고 시행하게 되었다.

　이후 얼마간의 변화가 있었고, 올해는 퇴직 경찰을 비롯한 조사관이 학교폭력 사안 조사를 담당하게 되는 등 변화가 있다. 어쨌든 학교폭력에 대해 개인의 문제가 아닌 사회적으로 관심을 가지고 예방 및 대응을 해야 한다는 데에는 별다른 이견이 없어 보인다. 이러한 사회적 합의를 바탕으로 학교폭력과 관련한 법률도 제정되었고, 사안 조사부터 조치처분까지 일정한 절차가 마련되어 시행되고 있다. 하지만 이러한 절차를 받아들이지 못하고 개인의 권리만 먼저 주장하는 사람들은 언제나 있기 마련이다.

　중학교 아이들 간 서로 다툰 사안이 접수되었다. 상해 정도가 그리 크지 않았지만 양쪽에서 교육지원청에서의 심의를 원하여 심의와 관련한 계획을 수립하여 가정으로 우편물을 발송하였다. 그런데 한 학부모가 항의 전화를 하였다. 무슨 일이냐고 물으니 심의 일정을 변경해 주어야 한다는 내용이었다.

  교육지원청별로 다르지만, 대개 수백에서 천 건이 넘는 심의 요청이 접수되고, 50여 명의 심의위원들이 여러 개의 소위원회로 나뉘어 심의를 진행한다. 심의위원들은 대부분 각자의 직장에 소속되어 일하다가 심의 일정에 맞추어 본인의 일정을 조절하여 심의에 참석한다. 교육지원청에서도 기관의 일정을 고려하고, 심의에 참석할 당사자들이 방어권을 제대로 행사할 수 있도록 보통 열흘 정도 여유를 두고 심의 일정을 정해 당사자에게 통보하게 된다. 이것저것 썼지만 간단히 말하면 통보된 심의 일정을 바꾸는 것은 대단히 어렵다.

  위에서 심의 일정 변경을 요구하는 학부모에게 왜 그러시냐고 물으니 '가족 해외여행'이 이유였다. 한 달도 전에 예약된 일정이어서 심의 일정 때문에 변경 또는 취소하게 되면 위약금이 발생하게 된다는 것이었다. 그런 이유로는 변경이 어렵다고 말씀드렸더니, 이런 개인의 사유를 배려해 주어야 하는 것 아니냐, 그게 바로 '국가의 역할'이 아니냐며 거세게 항의했다.

  한숨이 나왔다. 학교폭력 사안 처리 업무를 하면서 나름 당사자들을 배려하면서 진행하고 있는데, 학교나 교육지원청에 미리 통보도 안 된 개인의 일정과 위약금까지 생각해야 하는 것이 '국가의 역할'일까. 그리고 더구나 그 학생은 가해학생 쪽이었다. 피해학생 쪽이라고 해도 개인 사정으로 인해 일정 변경은 안 될 일인데, 가해학생을 배려해서 심의위원들의 일정과 교육지원청이라는 국가 기관의 일정 등을 옮겨야 한다는 것인가. 그게 '국가의 역할'일까.

조치처분을 이행하지 않아 학교에서 연락이 왔다며, 조치 이행을 못하는 것에 대해 학교와 교육지원청이 이해해 주어야 한다며 항의하는 경우도 있었다. 이유를 물으니 본인 자녀가 조치처분을 받아들이고 이행하려는 마음을 가지고 있지만, 방학을 맞아 여행도 가야 하고, 학기 중에는 학원도 가야 하는데 도대체 그런 개인 일정을 고려해서 학교에서 조치 이행 계획을 짜 주지 않으면 어떻게 하냐는 내용이었다. 이쯤 되면 그냥 하기 싫은 것 아닌가 생각할 수밖에 없다.

해외여행을 이유로 일정 변경을 요구한 그 학생은 결국 불출석한 상태에서 심의가 진행되었고, 학교에서 제출해 준 자료와 상대측 진술 등을 고려하여 조치처분이 결정되었다. 아마 조치처분 내용이 기재된 우편물을 받고서 자신의 사정을 고려해 주지 않은 '국가'에 대해 '이놈의 나라가!' 하며 원망과 불신의 마음이 깊을 것이다. 하지만 어쩔 수 없는 노릇이다. 그럼에도 불구하고 조치처분을 내리고 이행을 요구하는 것 또한 '국가의 역할'일 것이니.

 김 팀장님의 사안 관련 팁

학교에서 학교폭력대책심의위원회 개최 요청이 접수되면 사안 개요 및 관련 학생을 확인합니다. 이때 학교폭력책임교사와의 연락을 통해 그 외 특이사항이라든지 추가 자료 제출 여부를 확인합니다. 이때 사전에 학생 보호자와 연락을 통해 개최일을 안내하고 추가 제출 여부도 확인해 볼 수 있습니다. 심의위원회 간사(장학사)는 심의 전 관련학생 및 보호자 측에 연락 정도는 해 봄이 나오나 위 사례처럼 해외여행 등의 이유로 심의 일정을 미루는 것은 바람직하지 않다고 판단됩니다.

조 변호사님의 법률 조언

경찰서로부터 출석 통지를 받거나, 형사 법원에 재판 출석 요구를 받는 경우 사람들은 감히 해외여행을 운운하며 일정을 바꿔달라고, 그것이 국가의 역할이지 않느냐고 주장하지는 못할 것입니다.

같은 절차는 아니지만 학교폭력 조치 이행 역시 거부할 경우 불이익을 받도록 '법령'에 규정되어 있으니 참고하셔야 할 것입니다.

〈관련 조문〉
「학교폭력예방 및 대책에 관한 법률」
제17조 가해학생에 대한 조치
⑮ 제1항제2호부터 제9호까지의 처분을 받은 학생이 해당 조치를 거부하거나 기피하는 경우 심의위원회는 제7항에도 불구하고 대통령령으로 정하는 바에 따라 추가로 다른 조치를 할 것을 교육장에게 요청할 수 있다.

네버엔딩 스토리

학교폭력 사안을 대하다 보면 조치결정 이후 피해, 가해학생들 간에 잘 마무리되는 경우도 있지만, 계속해서 사안이 이어지는 경우도 있다. 이런 경우 처음 사안은 학교폭력 성격을 일부 가지고 있지만, 다음부터는 학폭을 위한 학폭이 진행되는 건 아닌지 싶기도 하다. 보호자들은 심의에 출석하여 다 같이 자식 가진 부모 입장에서 하는 말이라며 여러 이야기를 하지만 과연 저 어른들이 아이들을 위한 행동을 하고 있다고 여기는지 궁금해질 때가 있다.

중학교 여학생들 간 갈등을 담고 있는 사안이 접수되었다. 아무래도 사춘기 또래 여학생들은 서로 친했다가도 작은 갈등으로 멀어지기도 하고, 얼마 있으면 또다시 친해지는 등 감정의 기복을 겪는다. 그러면서 친구를 사귀는 법, 자기 마음을 다독이는 법 등을 배우며 크게 된다.

그런데 이 사안의 경우 피해를 주장하는 학생이 자신을 가해했다고 주장하는 학생들의 숫자가 10명을 넘었다. 그리고 피해 내용은 가해학생들이 자신을 평소에 째려보고 다녀서 학교를 다니기 힘들다는 것이었다. 이와 함께 증거 자료로 학교의 CCTV 영상을 제출했다.

째려본다는 피해 내용으로 접수되는 사안이 종종 있다. 하지만 사실 째려보기는 증거가 따로 있는 것도 아닌 데다, 째려본 게 아니고 쳐다봤다고 하면 그만인 경우가 많아서 학교폭력으로까지 인정되기가 그리 쉽지는 않다. 하지만 CCTV 증거 자료가 있다고 하니 동영상을 살펴보게 되었다.

그런데, 한 시간여가 촬영되었다는 CCTV 동영상에는 학교폭력으로 인정할 만한 내용은 담겨 있지 않았다. 피해학생 측에서 주장하는 대로 해당 아이들이 무리 지어 지나가는 모습은 잠시 담겨 있었지만 쉬는 시간에 아이들이 이야기하고 놀면서 지나가는 일상적인 모습으로만 보일 뿐, 피해학생을 친구들이 무리 지어 째려보는 모습은 찾지 못했다. 학교폭력이 담겨 있는지 살펴보려고 아까운 시간 들여가며 다른 일은 하나도 못하고 동영상을 보고 있는 내가 한심할 지경이었다. 빠르게 한 번 보았는데 잘 모르겠어서, 정상 속도로 한 번 다시 보고, 그래도 혹시나 싶어서 의심 가는 장면까지 살펴보느라 세 시간 이상을 쓴 것 같았다.

학교 측과 이야기를 나눠 보니 안 그래도 학교도 힘들다는 하소연이 이어졌다. 학급 수도 작은 학교인데 가해학생으로 무려 10명 넘게 지목하다 보니 학년 운영도 어려워지고, 가해학생의 학부모 쪽에서도 반대 민원이 계속 제기되어서 정상적인 학교 교육 과정 운영이 힘든 것 같았다. 담당 선생님은 예상대로 이 사안을 더 못하겠다며 질병 휴식 예정이있다.

심의가 진행되었지만 가해학생들에 대해 선도 조치가 나가기 어려웠다. 다만 일부 학생들이 동영상 자료로 제출된 상황 외에 학교생활 중 서로 감정 다툼이 있었다는 내용을 인정해서 가벼운 처분이 내려졌다. 조치결정 통보를 받은 피해학생 측 부모로부터 기다렸다는 듯 항의가 들어왔다. 왜 이런 처분밖에 내려지지 않는지, 불복 절차는 어떻게 되는지, CCTV는 제대로 보기는 했는지, 학교와 교육지원청의 업무가 공정하지 않다는 항의 등이 한 시간 가까이 이어졌다. '잠시만요, 제 말씀 좀 들어

주시면 안 될까요.'라고 말하며 처분 과정과 불복 절차 등에 대해 몇 차례고 반복하여 설명하려 해도 듣지 않았다. 대개 이런 민원 전화는 교육지원청이나 학교의 설명을 들으려고 하는 것이 아니고, 본인의 감정을 쏟아내는 데에 급급한 경우가 많아 정상적인 응대가 어렵다.

어떻게든 마무리가 되나 싶었는데 얼마 후 학교에서 연락이 왔다. 가해학생으로 지목되었다가 별다른 조치 없이 마무리된 학생 중 일부가 본인들은 아무런 잘못이 없는데 학폭 가해학생으로 심의에 간 것이 억울하다며, 상대 학생을 무고로 학교폭력 사안 접수하겠다는 내용이었다. 그 마음이야 이해하겠지만 일반인들 간의 다툼에서도 무고는 증명하기 어려운 데다, 더구나 어쨌든 처음에 상대 학생이 학교폭력 피해를 당했다고 생각해서 진행된 심의여서 무고를 주장하기엔 무리가 있다고 전했지만 막무가내였다. 이런 식으로 생각하면 다음 심의에서도 무고에 대해서 학교폭력 아님으로 처분이 결정되면 다시 상대방이 이에 대해 무고랍시고 학교폭력이라고 주장하지 않을지 염려가 되었고, 실제 그런 생각을 가지고 있는 것 같았다. 못난 어른들이야 그렇다 쳐도, 그렇게 사랑한다는 자녀를 학교폭력이라는 끝나지 않을 뫼비우스의 띠에 탑승시키는 경우를 보는 마음은 안타깝기만 하다.

차라리 가해 행위가 중한 학교폭력이라면 그나마 이해되겠지만 학생 간 작은 감정싸움을 주장하며 이렇게 학교를, 그리고 결국은 자녀의 마음을 뒤집어 놓는 경우가 종종 발생하는 모습을 바라보는 건 마음 아픈 일이다. 이 건으로 인해 학교는 많은 어려움을 겪었다. 이후 다시 해당 학생들은 서로 비슷한 내용으로 학교폭력을 주장하여 일 년 내내 어려움을 겪었고, 앞으로도 겪을 것 같다.

 심의에 참석해 보면 '같은 부모 입장에서 좋게 생각하려 했지만~'이라는 말을 자주 듣는다. 정말 자녀를 생각하는 부모라면 끝나지 않을 싸움에 더 이상 자녀를 앞세우지 않았으면 좋겠다는 생각을 하게 된다. 뫼비우스의 띠에서 벗어나려면 때로는 가위를 들고 띠를 잘라야겠다는 마음도 있어야 할 것이다.

김 팀장님의 사안 관련 팁

 최근 학교폭력의 추세를 보여주는 사례라고 볼 수 있습니다. 요즘은 보통 가정에서 자녀가 한 명이어서 귀하게 자라다 보니 학교폭력에 민감하고 맞폭이 많이 진행됩니다.

 학교폭력예방법은 형법과는 달리 증거자료가 없어도 가해학생에 대한 선노 및 교육적 조치를 내릴 수 있습니다. 그러ㅏ 위아 같은 민원 사례로 볼 수 있듯이 끝이 없는 진행으로 모두가 힘든 경우가 종종 있습니다.

 사안 관련 학생을 중심으로, 학생이 가장 필요로 하는 것이 무엇인지 그리고 어떻게 해결해 나가는 것이 가장 바람직한 것인지 모색해봐야 할 것입니다.

 위 사례처럼 증거자료가 없고 양측이 팽팽한 입장이라면 학교 내 관계회복 프로그램이나, 교육지원청 내 화해중재 전문위원을 통해 문제를 해결해 나가는 방법을 진행해 봄이 바람직할 것입니다.

조 변호사님의 법률 조언

학교폭력 가해학생으로 지목받아 절차가 진행되면, 많은 경우 본인도 피해를 보았음을 주장하며 학교폭력으로 맞신고를 하게 됩니다. 신고를 하는 것은 가해학생 역시 보장받아 마땅한 권리이기에 절차는 진행되지만, 감정만 남아 서로 신고를 주고받는 끊임없는 과정은 행정력의 낭비, 당사자들의 감정 낭비 등 낭비되는 것이 많습니다. 또한 그로 인한 상처는 오롯이 아이들에게 돌아가곤 하지요.

〈관련 조문〉
「학교폭력예방 및 대책에 관한 법률」
제17조
① 교육장이 제16조제1항 및 제17조제1항에 따라 내린 조치에 대하여 이의가 있는 피해학생 또는 그 보호자는 「행정심판법」에 따른 행정심판을 청구할 수 있다.

니 부모 얼굴이 보고 싶다

　심의를 마무리할 때 학생과 학부모에게 마지막 하고 싶은 말이 있는지 묻는 시간이 있다. 긴 시간 동안 조사와 진술 과정을 거치면서, 가해학생에게는 반성의 기회를 주고, 피해학생에게는 원하는 조치가 있는지 등을 살피는 과정이라고 생각하면 될 것 같다. 부모님들에게도 아이의 사안을 겪으면서 갖게 된 생각을 정리하는 시간이 되곤 한다. 이때 여러 학생 혹은 학부모님들은 학교폭력 사안 관련하여 짧게는 한 달, 길게는 몇 달간 겪었던 어려움을 떠올리며 눈물을 흘리는 경우가 많다. 그래서 의견 진술석에는 티슈가 놓여 있는데, 금방 다 써버려서 그때그때 보충해 놓곤 한다.
　심의를 마무리할 때, 한 학부모가 '자식이 괴물이 되면 부모는 악마가 된다'라는 말을 하면서 학교폭력 피해를 호소하는 경우가 몇 번 있었다. 처음엔 '이 멋있는 말을 어떻게 생각해 온 걸까' 싶었는데 여러 심의에서 같은 말을 듣곤 해서, '아무래도 어디서 따온 말 같은데……' 싶어서 찾아보니 학교폭력을 소재로 한 '니 부모 얼굴이 보고 싶다'라는 영화의 카피였다. 영화 카피를 인용하면서까지 학교폭력 피해를 호소하지만 결국 대부분 여러 증거 자료들을 볼 때 서로간의 피, 가해 또는 오히려 해당 자녀가 가해학생으로 인정되곤 해서 씁쓸함이 느껴졌다.

　이번 사안은 초등학교에서 발생한 폭력 사안이었고, 상호 피, 가해로 접수되었다. 전반적인 내용을 보니 한 학생이 다른 학생에게 폭력을 가해 그 학생이 상해를 입게 된 것 같았다. 사안을 이렇게만 접하면 당연히 일방적인 폭행을 생각하기 마련이다. 하지만 사안 관련한 내용을 들여다볼수록 단순히 생각하면 안 될 것 같았다.

우선 폭력을 왜 가했는지 살펴봐야 했다. 주요 가해로 지목된 학생은 지난 학년도에도 그렇고, 평소에는 학교생활을 얌전하게 해 온 것 같았는데 상대 학생을 대상으로 폭력을 가하게 된 데에는 이유가 있었다. 초등학교에서 자주 볼 수 있는 일인데, 상해를 입은 학생이 이 학생을 대상으로 이상해 보이는 행동을 한다며 놀리는 말을 계속 해 온 것으로 보였다. 게다가 폭행으로 인해 상처를 입은 것으로 볼 수 있지만 그 이후 상대 학생이 폭행을 멈춘 상태에서도 화가 나서 맞대응으로 폭행을 하여 서로 상처를 입힌 것으로 보였다.

본인이 더 피해를 입었다고 주장하는 학생은 자신이 상대를 자극하는 언행을 하지 않았다고 진술하였다. 사안 발생 이후 치료가 마무리되었지만, 이 피해로 인해 학교를 다니기 어려운 마음의 상처를 입었다고도 했다. 물론 안타까운 상황이었고 학생 측 말대로 어느 정도 치료는 된 것 같아 다행이었지만 학교생활을 하는 데 마음을 돌봐야 할 필요도 있을 수 있어 보였다. 그리고 마지막에는 상대 학생과 부모에 대한 원망을 이야기하며 진술을 마쳤다.

처음 가해를 했다고 접수된 학생은 진술에는 참석하였지만 멍한 눈빛으로 거의 이야기를 하지 못했다. 하지만 자기가 한 행동에 대해 인정하고, 반성의 뜻을 밝혀 주었다. 상대 아이에 대해 사과의 마음도 전해 주었지만, 여러 차례 자신을 놀리는 말을 하지 말라는 의사를 밝혔음에도 자신을 자극한 데 대한 원망도 가지고 있는 듯했다. 어쨌든 폭행 사건이 발생하였고, 다행히 두 학생 간 부모님들이 만나 화해를 위한 이야기도 나눈 것 같았지만 결국 잘 이루어지지는 않아 보였다. 사안을 처음 접수한 학생은 상대를 자극한 자신의 언행에 대해 부인하고 있었지만 학교에서 제출된 자료들을 통해 사실로 인정되었고, 맞대응하는 과정이었다고는 하나 폭행 역시 인정되어 상호 피, 가해로 조치처분이 결정되었다.

영화 제목을 인용하며 피해를 주장했던 학부모는 강하게 반발했다. 긴 시간 전화로 항의는 물론 국민신문고를 비롯해 이런 방법이 있었나 싶었던 여러 경로로 민원을 제기하였다. 민원이야 다양하게 제기할 수 있고, 이의를 제기하기 위한 권리라고 생각되긴 한다. 하지만 기본적으로 조치처분 결정이 나가게 되면 불복을 위한 방법은 행정심판과 행정소송으로 안내되고, 그 이외 조치처분 결정을 뒤집을 방법은 제한된다.

영화의 제목은 자극적이지만 사실 피해든 가해든 학생과 학부모는 이웃에서 함께 살아가는 사람들이고, 당연히 얼굴은 평범하다. 학교폭력으로 얽히지 않으면 얼마든지 행복하게 살아갈 사람들이 괴물과 악마가 되지 않도록, 가정과 학교에서 더 신경 쓸 일이다. 아직 초등학생 어린 아이들이 천사로만 살아가기에도 짧은 인생이다.

 김 팀장님의 사안 관련 팁

학교폭력 심의 요청이 접수되면 담당자들이 가장 먼저 확인하는 것이 관련 학생들의 피해 관련, 가해 관련, 피, 가해 관련 여부입니다.

가끔 심의 시 당사자들이 위 구분을 미처 인지하지 못하고 참석하여, 학생 및 보호자가 심의위원회가 시작되자마자 심의를 연기하는 경우가 발생합니다. 그렇기에 피, 가해 관련 내용은 학교 및 교육지원청에서 가장 우선 확인할 필수 사항이라고 할 수 있습니다.

2024년 3월 1일부터는 학교폭력 전담조사관이 직접 조사를 하게 되나 사안이 복잡하고 여러 명이 얽혀 있을 경우, 가장 먼저 확인해 봐야 할 것입니다.

그럼에도 불구하고 피해를 입었지만 가해학생이 그 사실에 대해 정식으로 신고를 하지 않으면 쌍방이 아닌 가해한 사실만 심의를 하면 됩니다.

조 변호사님의 법률 조언

학교폭력 심의위원회에 출석해 살펴보면, 대체로 부모님들께서는 흥분한 감정이 앞서 상대 학생과 학부모들을 감정적으로 비난하곤 합니다. 하지만 아무리 유려한 미사여구를 동반하여 비판·비난하여도 조치결정은 사실과 진술에 기반하여 내려지는 것입니다.

심의위원회 조치결정에 불복하여 제기하는 행정심판·행정소송도 마찬가지입니다. 부모님들이 제기하는 행정심판은 내용의 대부분이 상대에 대한 감정적인 비난으로 이루어진 경우가 허다합니다. 급할수록 돌아가라는 옛이야기처럼, 냉정하게 대처하는 쪽의 결과가 더 좋지 않을까 생각이 듭니다.

달인

　달인(達人)은 사전적으로 학문이나 기예 따위에 뛰어난 사람을 의미한다. 예전 TV 프로그램에서 개그맨 김병만 씨가 달인이라는 이름의 코너로 유명했던 기억이 난다.
　학교폭력 부분에도 '달인'들이 있다면 어떨까.
　한가로운 일요일 오후, 동료 장학사에게서 전화가 왔다. 휴일인데 무슨 일일까 하고 받아 보니 마침 오늘이 일직이어서 교육지원청에서 근무 중인데, 생각난 게 있어서 전화를 했다며 쉬는 날 미안하다는 인사와 함께 어렵게 말을 꺼낸다.
　담당하고 있는 사안 중에 민원으로 유명한 학부모가 한 명 있다. 나도 그 학부모의 자녀가 관련이 된 사안을 맡아 심의를 한 후 곤욕을 치른 일이 있었는데, 지금은 전화를 준 장학사가 다른 사안으로 업무 처리를 진행하는 중이었다.
　국가인권위원회에서 인권 침해가 되었다는 민원이 접수되었다는 공문이 왔다며 어떻게 처리하면 될지, 이미 몇 번 이 학부모가 제기한 민원 때문에 힘들었는데 또 어떤 유형의 민원이 제기될 수 있을지를 물어보는 내용으로 통화가 이어졌다.
　이 학부모는 초등학교 남학생 간 사안으로 학교와 교육지원청을 거의 일 년 가까이 어렵게 하고 있는 중이었다. 그 학부모의 자녀와 다른 학부모의 자녀, 그리고 중간에 두 자녀 사이에서 친분을 유지하고 있는 다른 두 아이, 이렇게 네 명과 가족들이 서로 얽혀 있는 사안이 길게 이어지고 있었다.

사안의 내용은 그리 심각하지는 않지만 서로 간에 감정의 골이 깊을 대로 깊어져, 회복이 어려운 상태였다. 사실 이들 넷은 서로 친한 친구였는데, 우연히 피시방에서 작은 마찰이 생긴 이후 한 학생 쪽에서 학교폭력 신고를 하게 되었고, 다른 학생 쪽에서 이에 맞대응하여 다시 학교폭력 신고를 하면서 다툼이 시작되었다. 두 학생 사이에 있는 학생들은 이 두 아이 사이에서 벌어진 일에 대해 목격학생 확인서를 제출한 바 있다.

사안의 내용이 그리 크지 않지만 학교폭력이 아예 아니라고는 할 수 없어서 가장 가벼운 조치인 1호 조치가 서로 간에 내려졌다. 하지만 한쪽에서 이건 부당하다며 행정심판을 제기하였고, 목격 학생들에 대해서도 허위 사실을 진술하였다며 함께 민원을 제기하였다. 이렇게 시작된 행정심판을 채 1년이 되지 않은 기간 동안 벌써 30건이 넘게 청구하였고, 그 사이 다른 온갖 유형의 민원을 함께 제기하고 있었다.

일반적으로 민원을 제기할 때 사용하는 국민신문고 여러 건은 물론, 감사원 감사 청구, 국가인권위원회 제소 등은 물론 이런 방법이 있었는지 공무원들도 잘 모르는 방법과 경로를 통해 민원을 제기하였다. 민원이 제기되었으니 답을 해야 하고, 감사원의 자료 제출 요청에도 응해야 한다. 법령과 지침에 맞게 학교에서 학교폭력 사안을 조사하고, 교육지원청에서 심의를 진행하고 조치처분을 내렸으니 당연히 민원을 제기해도 그 학부모는 원하는 바를 얻지 못하고 기각되는 중이다. 그럼에도 불구하고 온갖 사유를 들어가며 민원을 제기하고 있으니, 이쯤 되면 민원의 달인,

민원의 종합세트라 할 만하다.

  처음에는 왜 이렇게까지 답을 해야 하나 싶어 마음이 힘들기도 하고, 때로는 화나기도 하더니 이제는 그러려니… 해야 내가 살겠구나 싶어서 별 생각을 하지 않는다. 교육지원청 장학사가 이럴진대, 학교에서 학교폭력 업무를 담당하는 선생님은 얼마나 힘들까 싶다. 실제로 담당하시는 선생님께 '힘드시죠?' 라고 물어보니, '장학사님, 저는 이제 생각은 하지 않아요. 그냥 타이핑만 하고 있어요.'라는 한없이 지쳐 있는 답을 들을 수 있었고, 얼마 후 결국 질병 휴직을 했다고 전해 들었다.

  휴일에도 교육지원청에 출근해서 근무를 하던 중 많이 망설이다 전화를 했을 동료 장학사에게, 나도 이미 많이 겪었는데 그러려니… 하시라고 말을 건넸다. 그리고 국가인권위 포함해서 여러 기관들에도 잘 알려진 사람이기도 하고, 교육지원청에서 했던 업무가 잘못된 건 아니니 기각시켜 줄 거라고, 휴일에 근무하는 중에 너무 신경 쓰지 말라고 말하며 통화를 마쳤다.

  달인 코너의 김병만 씨는 웃기기라도 했지, 이런 유형의 달인은 싱대빙을, 무엇보다 자기 자신과 함께 자신의 자녀를 다치게 한다. 이제 TV 프로그램 개편으로 달인 코너를 더 이상 볼 수 없듯, 민원의 달인은 더 이상 보고 싶지 않은 마음이다.

김 팀장님의 사안 관련 팁

　보통 한 사안을 맡은 장학사나 학교폭력 책임교사는 업무 처리 면에서 혹시 실수라도 할까 염려를 하게 되는 경우가 있습니다. 위 사례의 달인 학부모처럼 지속적인 민원을 제기하고, 여러 방법으로 담당자를 힘들게 하는 경우가 다수 있습니다.

　학생 간 감정싸움에서 부모 간 싸움으로 사안이 번지게 되면, 양측 누구라도 이해하고 배려하지 않으면 끝없는 지루한 싸움이 됩니다.

　민원인과의 대화 응대 시 충분한 공감과 함께 가장 우선시되는 것은 자녀의 회복에 중심을 둔 상담일 것입니다. 물론 담당 장학사나 학교폭력 책임교사도 이와 같이 잘 대처하겠지만, 사안 처리 시작 단계에서 업무처리 능력 및 신뢰도 면에서 민원인에게 불신을 준다면 더욱더 해결하기 힘들어질 수 있습니다.

　학교폭력은 초기 대응이 중요하며 전문 상담기관 및 화해중재단 등을 활용하는 다양한 방법을 안내하는 것도 좋은 방법이 될 것입니다.

 조 변호사님의 법률 조언

　학교에는 학교폭력 업무를 전담하는 선생님이 계십니다. 대부분 이 학폭 전담 교사분들은 1·2년 차의 저연차 선생님들인 경우가 많은데요, 민원 대응 업무의 부담으로 대부분 짧은 기간만을 수행하시는 경우가 많습니다. 다른 누군가의 자식이자 부모일 선생님들도 존중받을 권리가 있는 소중한 사람입니다.

〈관련 조문〉

「학교폭력예방 및 대책에 관한 법률」

제11조의4(신설)

학교의 장 및 교원이 학교폭력 예방 및 대응을 위하여 「초·중등교육법」 등 관계 법령에 따라 학생생활지도를 실시하는 경우 해당 학생생활지도가 관계 법령 및 학칙을 준수하여 이루어진 정당한 학교폭력 사건 처리 또는 학생생활지도에 해당하는 때에는 학교의 장 및 교원은 그로 인한 민사상·형사상 책임을 지지 아니한다.

덤 그리고 더머

1994년 짐캐리와 제프 다니엘스가 각각 로이드와 해리 역을 맡아 많은 사람들이 보았던 '덤 앤 더머'라는 영화가 있다. 이들은 바보스러운 연기를 능청스럽게 잘해 주었고, 이후 어리석은 사람들을 빗대어 '덤 앤 더머'라는 표현을 하기도 한다.

학교폭력 사안을 대하다 보면, '이 아이들 혹은 부모들은 이 사안을 학교폭력대책심의위원회까지 진행시키다니, 덤 앤 더머인가…' 싶은 때가 있다. '기분 나쁘게 쳐다봐서 정신적 피해를 입었다'는 식의 어이없을 정도로 가벼운 내용으로 학교폭력을 주장할 때도 그렇고, 학교장자체해결로 얼마든지 마무리될 수 있어 보이는 내용을 서로 가해학생 선도조치가 나갈 것이 뻔해 보이는데도 끝까지 진행시키는 모습을 볼 때도 그런 마음이 든다.

중학교 여학생 간 사안이 접수되었다.
두 학생은 초등학교 때부터 알고 지내던 사이로, 부모들도 서로 친해서 아이들을 불러 라면도 끓여 먹이고, 다른 가족들과 여행도 같이 다녔던 사이인 것 같았다. 하지만 아이들이 사춘기에 접어들면서 사소한 갈등이 있었던 것 같고, 결국 작은 말다툼과 함께 약간의 신체적 폭력이 서로 간에 있었던 모양이다.

둘이 서로 사과하면 끝날 일이었는데, 한 아이가 다른 아이에게 홧김에 상대방 부모를 언급하며 안 좋은 말을 한 것이 갈등을 키웠다. 상대 부모는 그동안 친하게 지내던 사이라 넘어가려고 했는데 도저히 용서가 안 된다며 학교폭력 사안 접수와 함께 심의를 요청하였다. 하지만 문제 삼은 발언 내용을 보니 물론 당장은 화가 날 수도 있겠지만, 아이들끼리 싸우다가 흥분해서 나온 말이었다. 그리고 다툼 이후에 사과 의사를 상대측에 전하고 있어서, 야단 좀 맞고 말면 되지 않을까 싶었다. 게다가 화를 내고 있는 학부모의 자녀 역시 상대방 학생과 욕설을 하거나 폭력을 주고받은 내용이 확인되었다. 다행히 폭력의 정도가 크지 않아 학교장자체해결 요건이 되었고, 얼마든지 마무리할 수 있는 사안으로 보였다. 하지만 해당 학부모들의 생각은 다른 듯했다. 더구나 먼저 가해학생으로 신고된 학생 쪽에서는 혼자 당할 수 없다는 생각도 있는 것 같았다.

관련 학생들이 입장하여 진술하기 전, 사안 관련 논의가 심의위원 간에 진행되었다. 서로 잘 마무리할 수 있는 사안 같은데, 굳이 심의를 하면 둘 다 언어폭력과 신체폭력이 있어서 조치가 나갈 것이란 이야기를 나눴다. 조치가 나가면 학생생활기록부에 적힐 수도 있고 무엇보다 예전에 친했다는 아이들이 앞으로 다시 친해질 기회가 사라질 수 있다는 우려가 있었다. 학교장 종결로 마무리하면 좋을 것을, 사이가 멀어진 부모들 간의 감정싸움으로 이렇게 진행되는 것이 안타깝다는 의견이 많이 나왔다. 이제라도 학교장자체해결에 동의하면 좋겠다는 바람도 있었지만 희망일 뿐이었다.

결국 심의가 진행되어 양쪽 학생과 부모들은 본인의 피해 사실 중심으로 진술하였고, 생각대로 조치 결정이 통보되었다. 아마 양쪽 모두 조치를 이행하면서도 반성보다는 서로의 탓을 하고 있지 않을까 싶다. 혹은 그냥 서로 잘 마무리하면 좋았을 텐데 괜히 심의까지 가서 아이를 힘들게 한 데 대해 후회하고 있지는 않을지.

덤 앤 더머는 능청스러운 바보들의 이야기로 웃음을 주는 영화다. 하지만 이 영화가 오랜 세월을 지나면서도 꾸준히 사람들 사이에 기억되는 이유가 단지 웃음만 주었기 때문은 아닐 것이다. 두 주인공 로이드와 해리는 우스꽝스러운 웃음 속에서 둘만의 우정을 따스하게 보여준다. 그리고 20여 년 후, 속편을 통해 그들의 우정을 다시 보여주었다.

학생들이 자라다 보면 싸우는 경우가 많다. 그건 누구나 마찬가지이고, 나 역시 싸우면서 컸던 것 같다. 시시비비를 가리는 것도 중요하겠지만 모든 다툼마다 잘잘못을 따지고 진정한 사과와 반성, 처벌을 운운하는 것은 불가능하기도 하고, 어리석은 일이다. 아이들은 어른들의 생각보다 훨씬 오랜 세월을 살면서 여러 친구를 사귀고, 싸우고, 헤어지고 하면서도 다시 만남을 이어가는 방법을 배워야 한다. 아이들이 여러 일들을 겪으면서 좋은 친구를 사귈 수 있기를, 그리고 먼저 좋은 친구가 될 수 있기를 기원해 본다.

 김 팀장님의 사안 관련 팁

학교폭력 신고 접수 시 학교 업무 담당자는 사안처리 전 과정을 설명할 필요가 있습니다. 위 경우처럼 매우 경미한 사안인데도 순간 홧김에 신고하는 경우가 많이 발생합니다. 이럴 때 책임교사 혹은 담임 선생님은 사안에 대해 충분히 이해하고 갈등의 요소를 찾아 학교 내 관계회복 프로그램이나 전문상담사의 협조를 얻어 잘 풀어나가는 방법을 활용하면 좋습니다. 각 교육지원청 내에는 화해중재단이라고 해서, 객관성과 신뢰성을 잘 갖춘 전문가들이 위촉되어 있습니다.

피해 및 가해 관련 측에서는 신고 접수부터 조치결정 전까지 혹은 조치결정 이후라도 조력을 받고 갈등 해결을 할 수 있습니다. 즉 신고 이후 조치결정 전후까지도 갈등 해결을 할 수 있는 방법이 있습니다. 무조건 서로 피해를 받았다고 주장하다 조치처분을 받아, 이 내용이 학생생활기록부까지 작성되는 어리석은 결과를 받게 되는 것은 모두에게 도움이 되지 않습니다.

 ## 조 변호사님의 법률 조언

형법에서는 '반의사불벌죄'를 제외하고는 고소가 진행되면 절차가 멈추지 않습니다. 반면에 학교폭력 신고에 있어서는 '학교장자체해결'이라는 제도기 존재하기도 하고, 경기도교육청 화해중재단 같은 관계회복 프로그램이 진행되어 심의 이전에 사건이 종결될 수 있도록 안전장치를 마련해 두고 있기도 하지요.

이러한 안전장치들은 본인들 감정싸움에 학생들이 피해를 보도록 하는 소수의 '덤 앤 더머' 학부모님들을 위한 장치인 셈이지요. 아이들을 위해 멈출 수 있는 용기가 필요한 요즘입니다.

〈관련 조문〉

「학교폭력예방 및 대책에 관한 법률」

13조의2(학교의 장의 자체해결)

① 제13조제2항제4호 및 제5호에도 불구하고 다음 각 호에 모두 해당하는 경미한 학교폭력에 대하여 피해학생 및 그 보호자가 심의위원회의 개최를 원하지 아니하는 경우 학교의 장은 학교폭력사건을 자체적으로 해결할 수 있다.

1. 2주 이상의 신체적·정신적 치료가 필요한 진단서를 발급받지 않은 경우
2. 재산상 피해가 없는 경우 또는 재산상 피해가 즉각 복구되거나 복구 약속이 있는 경우
3. 학교폭력이 지속적이지 않은 경우
4. 학교폭력에 대한 신고, 진술, 자료 제공 등에 대한 보복 행위(정보통신망을 이용한 행위를 포함한다)가 아닌 경우

매너가 사람을 만든다

'킹스맨'이라는 영화가 있다. 이 영화에서 주인공 콜린퍼스가 예의 없는 동네 건달들을 물리칠 때 한 유명한 대사가 '매너가 사람을 만든다(Manners maketh man.)'이다. 굳이 이런 특별한 상황이나 영화가 아니라도 매너는 일상생활에 사람들 간에 지켜야 하는 예의와 절차를 말한다. 학교폭력과 관련해서도 학생들 간에 매너 있게 지낼 수 있다면 이런저런 다툼이 있더라도 굳이 교육지원청의 심의까지 올라올 일은 없을 것이다.

중학생들 간에 사안이 접수되었다. 두 학생은 운동선수로 등록되어 있어서 심의 이후 가해학생에 대한 조치가 결정되면 출전정지 등 추가 불이익을 감수해야 하는 상황이고, 더구나 좀 있으면 상급학교 진학을 앞두고 있어 서로에게 좋을 게 없어 보이는 심의였다.

살펴보니 둘이 함께 선수로 참여한 경기에서 팀이 진 날 다툼이 생긴 모양이었다. '너 때문에 졌다'는 한 아이의 말에 '너도 같이 참가해 놓고선 무슨 말이냐'는 식의 맞대응이 있었고, 그러다 서로 주먹다짐을 한 것 같았다. 다행히 피해 정도는 크지 않았지만 먼저 시비를 건 것으로 보이는 아이가 운동부 코치의 중재에도 사과를 제대로 하지 않았다. 많이 다치지는 않았지만 상처를 입은 상대측에서 상해진단서를 발급받아 학교에 제출했다. 나중에서야 두 아이와 학부모 간에 심의를 해 봐야 서로 좋을 게 없다는 생각이 들었지만 이미 상해진단서를 제출해서 심의를 취소할 수는 없게 되었다.

서로에 대한 가피해 관계로 심의실에 들어온 두 학생에게 이런저런 질문이 던져졌다. 다행히 두 학생은 이제 마음이 좀 가라앉은 것 같았고 대답을 잘 해 주었다. 심의에서 학생들에게 한 여러 질문 중 '학생은 운동을 하는 사람으로서 중요한 게 뭐라고 배웠느냐'라는 것이 있었다. 두 학생 모두 '매너와 페어플레이'라고 대답했다. 스스로 이야기한 '매너와 페어플레이'를 잘 지켰으면 이 자리까지 올 일이 없지 않았겠느냐는 말에 학생들은 동의하면서 조금 늦었지만 잘못을 반성하는 모습을 보였다.

다행히 학부모들도 서로 이야기가 잘 되었는지 심의는 원만히 진행되었다. 다만 한 학생이 상급학교 진학을 앞두고 운동을 그만두어야 하나 고민하고 있었다면서 이 일이 있기도 하고, 조치처분이 나오면 출전 정지가 있을 것 같기도 해서 아무래도 이제 운동은 못할 것 같겠다는 말을 전했다.

좋은 운동부가 있는 상급학교에 가기 위해서는 운동과 관련된 실적이 필요할 텐데 학교폭력 가해학생 조치를 받아 몇 개월이 되었든 출전정지를 받으면 경기에 나가지 못해 실력이 좋아도 실적을 얻을 수 없게 된다. 비단 그런 이유가 아니라도 학교폭력대책심의위원회에 오는 건 좋은 일이 아니다.

'매너가 사람을 만든다'라는 말은 살아가는 모든 순간에 적용할 수 있는 말인 것 같다. 승부를 내기 위해 최선을 다했던 경기 시간이 지나고, 승부를 떠나 상대팀을 존중해주는 매너 있는 모습을 볼 때 스포츠가 더욱 감동으로 다가온다. 이 학생들이 운동을 계속하든 그만두든, 지금 다니는 학교를 졸업하고 상급학교로 진학하고 그렇게 어른이 되어 사는 동안 내내 매너 있는 사람이 되면 좋겠다. 인생이라는 경기는 계속되어야 하니까.

김 팀장님의 사안 관련 팁

학교폭력은 학교 내 운동부에 대해서는 보다 더 엄격한 절차를 따릅니다. 위에서 언급하였듯이 학교폭력 가해학생에 대한 조치로 스포츠윤리위원회에서 경기 출전 정지라는 중벌을 내리게 됩니다. 교육지원청에서는 가해학생에 대한 조치결정 내용을 스포츠윤리위원회에 보고를 하게 되는 것이지요. 조치결정의 경중에 따라 출전 정지가 정해지는데 그 내용은 아래와 같습니다.

학교폭력예방법 제17종제1항제1호~제3호를 받을 시 3개월 출전 정지, 4호~7호는 6개월 출전정지, 8호 전학 시 1년 출전정지, 9호 퇴학의 경우 선수 자격을 박탈한다.

 조 변호사님의 법률 조언

스포츠에서 스포트라이트는 경기에서 이긴 팀이 주로 받게 되지만, 그에 못지않게 승리에 이르는 과정도 중요하게 여겨집니다. 국가대표 축구팀에서 하극상을 벌인 선수는 팀을 승리로 이끌 수 있는 좋은 실력에도 불구하고 국민들에게 비난받기도 하지요.

학교 안에서도 스포츠를 접하는 학생 선수들이 있습니다. 이들은 학교폭력 사건에 연루될 경우 향후 진로에 문제가 생길 수 있는 만큼 경기 내적으로도, 경기 외적으로도 매너를 보여주어야 할 것입니다.

사과의 품격

'사장님 죄송합니다. 제가 무인 카페를 처음 와서 모르고 얼음을 쏟았습니다. 다음부터는 그러지 않고 치우겠습니다. 작은 돈이지만 도움 되길 바랍니다. 장사 오래오래 하시고 행복하게 지내세요. 다시 한번 죄송합니다.'

초등학생이 무인 카페에서 놀다가 실수로 얼음을 쏟았다며 손글씨로 사과 편지를 쓴 내용이다. 천 원짜리 지폐 하나도 놓았다고 한다. 이 사과에 대해 '사과의 4원칙'이 완벽하게 반영되었다는 평가가 이어졌다. '사과의 4원칙'이란 '① 자신이 잘못했음을 깨끗하고 빠르게 인정할 것 ② 무엇이 미안한지 구체적으로 표현할 것 ③ 조건부 사과를 하지 말 것 ④ 같은 일을 반복하지 않겠다고 약속할 것'이라고 한다.

학교폭력 사안을 진행하다 보면 사과와 관련한 생각이 서로 달라 감정이 상해 있는 경우가 많다.

고등학교 학생 간 폭력 사안이 접수되었다. 점심 급식으로 아이들이 좋아하는 특식이 나왔는데, 이걸 좀 더 먹고 싶은 마음에 옆 친구 디저트를 건드렸다가 말다툼과 약간의 폭력이 일어난 것 같았다.

가해학생은 사과할 의사가 있었고, 이를 피해학생도 알고 있었다. 하지만 피해학생은 친구들 보는 앞에서 일어난 일이니, 사과도 공개적으로 해야 한다고 주장했고, 가해학생은 사과는 하겠지만 공개 사과의 형식으로는 할 수 없다고 주장하고 있었다. 또 피해학생도 같이 언쟁을 했고, 약간의 폭력이 있다 해도 가해 정도가 크지 않고 고의도 아니었다는 식으로 이야기하고 있는 듯했다.

우선 사과의 형식을 두고 공개 사과를 원하는 경우가 간혹 있다. 하지만 현재 학교폭력 심의에서 결정되는 조치 중에는 공개 사과를 하라는 내용이 없어서 이러한 사과를 조치처분으로 내릴 수는 없는 노릇이다. 더구나 공개 사과는 양심의 자유와도 연결되어, 본인이 하겠다고 하면 할 수 있겠지만 거부하면 강제할 수 없다. 그리고 피해가 크지 않음에도 단지 망신주기를 목적으로 공개 사과를 원하는 경우가 종종 있기도 하다.

가해학생이 자신의 행동을 인정하고 사과하기도 하지만 그 내용이 피해학생의 화만 더욱 북돋는 경우도 있다. '나는 피해를 줄 의도는 아니었는데, 네가 그렇게 느꼈다면 미안하다.'는 식이다. 혹은 '나는 그런 가해 행동을 한 것 같지는 않지만 다른 증거들이 있다고 하니 미안하기는 하다.'는 식의 사과도 있다. 어디서 들은 것은 있어서, 미안하다고 사과하면 될 것을 '유감스럽다'는 표현을 쓰기도 한다.

이런 식의 조건부 사과나 억지 사과는 사과를 받는 학생 측이 상대를 용서하기 어렵게 한다. 그렇게 되면 간신히 화해가 되려나 싶은 사안도 다시 '나는 사과를 했는데 상대가 받지 않았다'는 식으로 불길이 거세지곤 한다.

위에서 언급된 사안은 피해학생 측에서 공개 사과를 요구했지만 가해학생 측에서 거부했다. 또한 그나마 가해학생 측에서 전한 사과의 내용에 대해 피해학생 측에서는 진실성이 없다며 사과로 인정하지 않았다.

결국 사안 내용도 인정하였고 증거 자료도 있는데다 피해 정도도 크지 않아서 사과만 되었으면 두 학생과 부모들 간 원만하게 학교장자체해결로 충분히 마무리되었을 사안이, 사과가 잘 되지 않아 학교는 학교대로, 교육지원청은 교육지원청대로 업무가 진행되었고 해당 학생들 역시 확인서 작성, 진술 등으로 인해 마음의 상처를 입게 되었다. 아마 분명히 서로를 탓하고 있을 것이다.

'사과에 대하여'라는 책에서는 '사과는 상처를 치유하는 거의 유일한 방법'이라고 전한다.

품격 있는 사과는 오히려 스스로를 성숙하게 한다. 누구나 잘못을 한다. 더구나 학생이라면 때로 잘못을 저지르고, 하지만 사과하고, 이를 받아들이면서 사람과 사람 간의 관계를 배우며 성장한다.

차라리 아주 어린 아이들이 노는 모습을 보면 서로 친하게 지내다가도 약간의 잘못을 하기도 하고, 이런저런 군더더기 없이 깔끔하게 '미안해' 하고 손을 내밀며, 상대는 '괜찮아' 하면서 이를 받아들이고 꼭 안아주기도 한다.

'미안해' 그리고 '괜찮아'.

성숙한 사과는 모두를 품격 있는 승자로 만들 수 있다. 그게 교육이기도 하다.

김 팀장님의 사안 관련 팁

위 사안은 학급에서 모두가 도움을 주었다면 행복한 결말이 있지 않았을까 하는 추측을 해봅니다.

급식 중이라 학급 학생들이 모두 보았을 것이고 다른 학급에서도 보았을 수도 있습니다. 공개 사과의 중요성에 대해 피해 측은 주장을 하나 가해 관련 측에서는 섣불리 할 수 있는 용기가 나지 않았을 것입니다.

이럴 때 학급 내 서클 모임을 추천해 봅니다. 경기도교육청은 관계회복 프로그램의 일환으로 누구나 쉽게 서클 프로그램을 할 수 있도록 매뉴얼화 되어 있습니다. 교육과정과 연계하여 수업 중에 실시할 수도 있습니다. 사안 당사자 간의 대화법도 있지만 모두가 함께 참여하여 갈등 사안에 대해 논의를 한다면 가해학생 측도 용기 내어 동참할 것이며 주위 친구들도 사안을 바라보는 관점이 각기 다름을 깨닫게 될 수 있습니다. 가해학생은 학급 내에서 사과의 4원칙을 충족시킬 수 있는 여건을 마련하게 되어 좀 더 용기 있고 진정성 있는 사과를 할 수 있을 것이라 기대합니다. 학급 내 서클 모임을 통해서 자연스럽게 학교폭력예방교육이 이루어지고, 서로 존중하는 문화가 마련되는 좋은 방법의 예가 될 수 있지 않을까요.

조 변호사님의 법률 조언

말 한마디로 천 냥 빚을 갚기도 한다고 하지요. 학교폭력 사건에서도 예외는 아닙니다. 감정이 풀리지 않아 민·형사 소송까지 진행되기도 하는 반면, 상대의 마음을 잘 헤아린 훌륭한 사과의 말 한마디는 수백만 원, 혹은 그 이상의 돈을 아끼게 만들어 주기도 합니다.

〈관련 조문〉
「학교폭력예방 및 대책에 관한 법률」
제18조
③ 학교폭력과 관련한 분쟁 조정에는 다음 각 호의 사항을 포함한다.
1. 피해학생과 가해학생 간 또는 그 보호자 간의 손해 배상에 관련된 합의 조정

서울 대전 대구 부산, 서울 대전 광주 목포

　중학교에서 근무할 때 성남에 있는 잡월드에 학생들을 인솔해서 간 적이 있다. 오래간만에 학교를 벗어나 새로운 장소를 가는 학생들은 들떠 있기 마련이고, 여러 안전사고가 발생하곤 하여 지도가 필요하다. 그날도 선생님들이 사전에 주의를 주고 지도를 했지만 다른 학교 학생들과 집단 폭력이 발생했다. 아이들과 선생님들이 주로 있는 장소가 아닌, 구석에서 다툼이 벌어졌고 파출소에서 출동해서 해당 학생들을 데리고 간 이후 연락을 주어 아이들을 만날 수 있었다. 양쪽 다 피, 가해 관계가 있었지만 우리 쪽이 더 피해를 입은 듯했다. 문제는 상대방 아이들이 순천에서 올라온 아이들이라는 거였다. 관련 아이들이 많기도 하고, 다른 일정도 있어서 당일에 시시비비를 다 가리기는 어려웠다. 일단 각자 사안 내용을 대강 전해 들은 후 각각의 학교로 간 후, 담당 선생님들 간 협의를 하기로 했다. 하지만 이런 사안이 대개 그렇듯 이후 아이들의 말은 수시로 바뀌었고, 보상을 누가 얼마나 하네 마네, 얘는 이렇게 연관되고 쟤는 저렇게 연관되고 하는 사항을 양쪽 학교 간 담당 부서에서 처리하느라 한동안 애를 먹었다. 이렇게 학교폭력이 두 학교 이상에서, 그것도 집단으로 발생할 경우 사안 처리는 예전이나 지금이나 너무나 힘든 일이 된다.
　그때는 적절한 매뉴얼이 없어서 학교에서 알아서 진행하였지만, 그나마 요즘은 공동사안 발생 시 사안 처리와 관련한 대강의 매뉴얼이 있어서 이를 적용한다. 각각의 학교에서 서로 사안 내용을 공문으로 공유하고, 소속 교육지원청에 사안을 접수한다. 심의는 대부분 피해학생이 있는 교육지원청에서 주관하며, 가해학생이 있는 곳은 심의위원 적정 수를 보내어 공동으로 심의한다. 물론 피해학생이 여러 교육지원청에 걸쳐 있는 등의 문제가 있으면 다시 관련 교육지원청간 협의를 통해 심의가 진행된다. 이것도 같은 시도교육청 일이면 낫지만 다른 시도교육청 간 사안이면 협의도 그렇고, 출장 처리 등 일이 많아진다.

두 개의 교육지원청, 세 학교 학생들이 관련된 사안이 접수되었다. 두 학교는 사안을 잘 정리하여 해당 교육청으로 보고해 주었지만 한 학교는 그 학교 학생과 연관된 다른 한 학생의 사안만 파악하여 보고했다. 이 경우 다시 전체 사안을 정리하여 세 학교가 일정한 내용으로 교육지원청에 심의 요청하도록 안내한다. 피, 가해학생 명단부터 맞아야 심의가 진행될 수 있기 때문이다.

우리 쪽 학생이 피해학생이어서 심의를 주관하게 되었다. 관련 서류를 확인하고, 필요한 내용을 작성한다. 도교육청에 심의를 주관하게 되었음을 보고하고, 상대 교육지원청 장학사와 협조 사항을 협의하여 정리한다. 준비를 마친 후 상대 쪽 교육지원청에 연락해서 우리 쪽 학교폭력대책심의가 진행되는 심의실과 관련해서 주차나 건물 내 위치 등을 안내했다. 이후 가해학생이 오지 않은 상태에서 심의를 진행하고, 결과를 통보하였다. 협의록을 작성하여 발송까지 마무리되면 공동 심의가 끝난다.

일반 학교폭력 사안도 진행이 만만치 않은데 교육지원청 간 공동 사안이 발생하면 서류가 맞게 되었는지, 발송은 제대로 진행되었는지 확인하느라 머리가 아프다. 더구나 관련 학교와 학생이 많으면 더 복잡해진다.

아이들이 안 싸우면 제일 좋겠지만, 공동 사안이라는 이야기를 들으면 담당 업무를 해야 하는 입장에서 '이왕이면 가해학생인가?' 하고 확인하게 되는 게 인지상정이 아닌가 싶다.

일이 많은 건 뻔히 알지만 그래도 가끔은 이왕 공동 심의를 해야 한다면 아주 먼 지역의 교육지원청이 주관하는 사안이어서, 그 핑계로 비행기나 KTX 오래 타고 '어쩔 수 없이' 출장을 가면 좋겠다는 바람이 들 때도 있다. 하긴, 그래도 제일 바라는 건 아이들이 좀 안 싸웠으면 좋겠다. 비행기는 휴가 내고 내 돈 내서 타는 게 더 좋으니.

김 팀장님의 사안 관련 팁

　학교폭력대책공동심의위원회 운영은 지역교육지원청 간 혹은 시도교육청 간 사안이라 일반 심의보다는 복잡합니다.
　공동심의에 대한 운영 절차는 아래와 같습니다.
　보통 피해 관련 교육지원청에서 공동학폭 사안처리를 위한 협의 및 자료협조를 보통 유선으로 합니다.
　유선상 협의 내용은 심의위원 명단 구성, 개최요청, 자료요청 담당자, 개최일시, 장소 등입니다. 이때 심의위원은 관련청이 인원을 동등하게 구성하고 반드시 학부모위원을 3분의 1 이상 구성해야 합니다.
　이후 사전 협의한 내용에 대한 자료요청 공문을 발송합니다. 그리고 가해 관련 측에서 자료를 받아 공동심의 개최계획을 세워 내부결재를 받습니다. 이와 함께 시도교육청에 공동심의위 구성 및 개최계획을 보고합니다.
　공동심의 구성 결과 및 개최계획은 가해 관련 측 교육지원청에도 발송합니다. 주관교육지원청은 피, 가해 관련 학생 및 보호자에게 **참석** 안내를 등기우편으로 발송합니다. 그리고 공동심의에 따른 심의위원 참석안내서를 유선, 문자 메일 등으로 안내합니다.
　심의위원회 개최 전 마지막으로 각 관련 교육지원청은 해당교에 참석안내서를 발송합니다. 관련 학생 참석에 따른 출결관리 및 유의사항 등을 안내하기 위함입니다.
　공동심의가 개최되면 조치결정 보고를 주관청에서 내부결재하고, 관련청에 통보합니다.
　이때 조치결정 통보는 학교 및 관련 학생, 보호자에게 각 지역교육지원청에서 실시합니다. 이는 교육장 내부결재에 따른 학교생활기록부 기재일이 다를 수 있기 때문입니다. 이후 회의록을 작성 후 관련 교육지원청에 송부하면 공동심의는 마무리됩니다.

조 변호사님의 법률 조언

다른 학교 학생들 간 문제가 생기면 소통이 쉽지 않고 당사자가 여럿 얽혀 있어 시시비비를 정확히 가리기가 더 어려워집니다. 수 개의 교육지원청 간 공동 심의사안의 경우 실무를 처리하는 장학사들이나 심의위원들도 업무 처리의 난도가 올라가고, 학생과 보호자들 역시 이동이나 진술에 더 어려움이 생길 수밖에 없지요.

학교폭력은 학교 내외를 불문하기 때문에 다른 학교 학생들과 마찰이 생기는 경우에도 학교폭력 사건에 해당합니다. 학생들이 학교 밖에서는 더 조심하도록 교육이 필요한 때입니다.

손에 손 잡고

요즘 학생들은 잘 모르겠지만 1988년 서울에서 큰 국제 행사가 있었다. 바로 우리나라에서 처음 열린 올림픽이었다. 1980년 모스크바, 1984년 로스앤젤레스에서 열린 올림픽이 국제 사회의 갈등으로 인해 반쪽 올림픽으로 진행되었지만 1988년 올림픽은 참가국 수도 많았고, 우리나라가 국제 사회로 몇 단계 도약하는 큰 행사였다. 이때 올림픽 주제가로 불린 노래가 '코리아나'라는 그룹이 부른 '손에 손 잡고'였다.

서로 손을 잡기 위해서는 일단 물리적 거리가 가까워야 하고, 심리적 거리 역시 멀지 않아야 한다. 손을 잡고 서로의 체온을 나누면서 마음속 이야기를 나누기 마련이다.

학교폭력대책심의위원들은 교육지원청별로 50명 정도의 인원으로 꾸려지고, 이는 다시 몇 개의 소위원회로 나뉘어져 활동하게 된다. 각 소위원회는 위원장을 포함하여 적정 수의 인원으로 구성되는데 인원수의 3분의 1 이상을 학부모 중에서 위촉해야 한다.

학교폭력 업무를 담당하는 장학사는 각 소위원회의 심의를 진행하는 간사 역할을 하게 된다. 심의에 참가하여 여러 소위원회의 심의를 지켜보다 보면 소위원회별 특징이 있는 경우가 있다.

한 소위원회의 위원장님은 학교에서 교장으로 정년퇴직을 하고 심의위원으로 활동하는 분이었다. 이분은 심의실에 들어오는 피, 가해학생들의 진술이 끝나면 대부분의 학생들과 학부모들에게 다가가 손을 잡아주며 말씀을 걸어주곤 했다. 피해학생으로 온 경우 상처 입은 마음을 위로하고, 가해학생으로 온 경우 이 사안이 마무리되면 이제 다시는 이곳에 오지 말고 학교생활 잘 하라는 격려를 해주었다. 심의를 진행하는 간사 입장에서는 이렇게 손을 잡아주고 이야기를 나누다 보면 시간이 지체되는 경우가 있어 신경이 쓰인다. 심의가 하루에 두세 사안이 진행되는 경우도 있고, 관련 학생이 열 명이 넘는 경우도 종종 있어서 빠르게 진행되어야 하기 때문이다. 하지만 심의라는 것도 결국 학생을 대상으로 하는 것이고, 처벌보다는 교육을 목적으로 하는 것이다. 초등학생부터 고등학생까지 심의에 참가하는 아이들을 보면 대개 이런 자리에 오는 것에 대한 부담을 많이 느끼곤 해서 안타깝기도 한데, 이렇게 누군가가 손잡아주고 따뜻한 말을 건네주면 그래도 마음이 조금이라도 나아지지 않을까 싶기도 하다.

이렇게 아이들을 대하는 분이었지만 한 심의에서는 화가 많이 난 적이 있었다.

이 사안은 심의 전부터 가해학생의 보호자가 학교와 교육지원청을 어렵게 하는 중이었다. 사안 발생 이후 학교에서 조사가 제대로 이루어지지 않았다, 우리 아이의 말이 제대로 반영되지 않았다, 심의 참석 시간은 왜 조정이 어렵냐는 식의 항의가 있었지만 해당 학교에서는 적절한 절차를 거쳐 교육지원청에 사안 보고가 되었고, 심의 시간은 다른 사안들 처리 과정과 맞추어 통보된 것이었다. 그리고 전화를 했다 하면 한 시간은 기본이어서 통화를 마치면 진이 빠지는 느낌이었다. 심의일에도 만만치 않겠구나 하는 생각이 들었다.

　우선 심의 참석 시간으로 안내된 시간보다 30여 분 늦게 심의실에 도착했다. 가끔 이런 경우가 있다. 본인 입장에서는 안 그래도 일도 바쁜데 심의에 오라고 하니 불편한 마음일 것이고, '까짓 30분 정도쯤 늦을 수도 있지'라고 생각하겠지만 이런 식이면 여러 다른 학생들 진술 시간도 밀리게 된다. 그리고 이렇게 늦으면 미안해하기라도 하면 괜찮은데, 늦게 와 놓고서는 본인 주장만 잔뜩 늘어놓느라 배정된 시간을 훌쩍 넘기는 경우가 있다. 이 보호자도 마찬가지였다. 도무지 심의위원들의 이야기나 질문에 적절한 대답을 하기보다는 자기 자식의 억울함과 상대 아이에 대한 힐난이 이어졌다. 오죽했으면 한 번도 화내는 모습을 보지 못했던 위원장님이 화도 내고, 필요한 경우가 아니면 사용하지 않는 의사봉을 몇 번이고 내리치며 그만 좀 하시라고 해도 막무가내였다. 무려 한 시간 반이나 난동에 가까운 진술이 이어졌다. 진술을 마치고 또 아이 손을 잡아주시려나 싶었는데, 위원장님이 자리에서 일어나지 않았다. 화나고 지쳐 보였다. 가끔 대하기 어려운 학생이나 보호자를 만나곤 하지만, 이번같이 힘든 경우는 별로 없었던 것 같다.

　그렇게 진술과 조치결정이 통보되었고, 각오한 대로 또 교육지원청으로 왜 이런 결정이 나왔는지 항의 전화가 와서 다시 한참 힘을 빼고 나서야 좀 잠잠해졌다. 하지만 언제 다시 전화가 올지는 모를 노릇이다.

　심의가 끝나고 조치결정까지 통보된 후 얼마간의 시간이 지나면 심의 내용을 기록한 속기록이 교육지원청에 전달되어 회의록 결재를 하게 된다. 대개 몇십 페이지 분량인데, 이 심의는 2백 페이지 정도의 분량이었다. 이 억지를 들어 주느라 품이 너무 많이 들었고, 속기록 작성 비용도 꽤 들었겠거니 싶어서 아까운 마음도 든다.

  피해든 가해든 학교폭력과 연관되었다는 학교의 연락, 그리고 교육지원청의 심의 참석 요청을 받으면 우리 아이를 보호하고 싶고, 억울한 마음도 있을 수 있다. 하지만 무조건 이건 아니지 않느냐는 생떼보다는 역지사지의 마음으로 내 아이와 상대 아이의 마음을 좀 더 살필 수 있으면 좋겠다. 그리고 무엇보다 사안이 발생하기 전 평소에 자주 아이의 손을 잡고 마음과 체온을 나누고, 이야기를 들어주면 좋겠다. 심의에 참석하여 진술을 마치고 위로든 격려든 위원장님이 손을 잡을 일이 없도록.

김 팀장님의 사안 관련 팁

심의위원회 개최 계획 시 굉장히 많은 사전 준비 과정이 있습니다. 우선 최적의 개최일을 찾아 소위원회 위원님들의 성원 여부를 확인합니다. 만일 성원이 되지 않으면 심의일을 다시 조정하게 됩니다. 이때 최소 2주 전에 날짜를 확정하게 되면 심의 개최 계획을 세우고 관련 학생 및 보호자, 해당교에 안내합니다. 긴급한 사정이 있을 시 유선을 통해 동의를 구하고 심의일을 다시 정할 수도 있습니다.

이때 심의를 배당받은 간사는 개최 계획 전 검토를 하면서 피, 가해 관련 보호자와 유선 연락을 하는 것도 나쁘지 않습니다. 사안에 대해 심도 있게 확인할 수 있고 참석 및 추후 진행 사항까지 안내할 수 있기 때문입니다. 그러나 현실적으로 시간에 쫓겨 업무를 수행하는 장학사들이 많아, 하기 힘든 부분이기도 합니다.

피, 가해 관련자가 심의위원회 참석을 정해진 시간 내에 할 수 있도록 핵심 내용이 아닌 다른 발언 시 제재하거나 퇴장시킬 수 있음을 사전 공지하는 것도 필요할 것입니다. 물론 막무가내로 심의를 방해하는 악성 민원도 있어서 어렵기도 합니다

사전 유의사항을 충분히 공지하고, 위 사례처럼 문제가 발생 시 위원장 및 간사의 진행력이 필요할 것입니다.

또한 위원장이 교육적 마인드로 관련 학생에 대해 격려와 함께 스킨십을 할 경우 좋은 의도에도 불구하고 오히려 학생이 부담을 더 받거나 민원의 소지가 있는 경우도 있습니다. 심의위원회 역량 강화 연수 시 혹은 개인별로 마음이 상하지 않도록 용기 있게 정중하게 요청을 해 봄도 좋을 것입니다.

조 변호사님의 법률 조언

법원의 여러 양형 기준 중에 '반성 여부'라는 기준이 있습니다. 같은 행위를 저질러도 반성을 하고 있는지 여부에 따라 각기 다른 형벌이 내려질 수도 있다는 것인데요, 학교폭력대책심의위원회에도 가해학생의 조치 결정 시 '반성 정도'라는 기준이 존재합니다.

제 시간에 맞추어 출석을 하였는지 여부, 심의위원들에게 어떠한 태도로 진술을 했는지, 본인이 반성하는 모습을 보여주는지 등이 종합적으로 평가되는 것이지요. 억울한 마음은 이해하나 심의위원장님의 분노를 살 정도의 태도라면 좋은 결과를 얻기 힘들지 않을까요?

연진아 우리 같이 천천히 말라 죽어 보자

 학교폭력과 관련한 드라마나 영화가 여러 편 제작되어 화제가 되곤 했는데, 드라마로 유명한 작품이라면 단연 '더글로리'가 아닌가 싶다.
 장학사 시험에 합격하고 발령을 대기할 때 이 드라마가 말 그대로 대유행이었다. 학교폭력 담당 업무는 민원이 세기로 잘 알려져 있어, 장학사들 간에도 기피 업무 중 하나이다. 드라마가 유행이라고 하는데 그걸 봤다가는 학교폭력 업무를 맡게 될 것 같은 느낌적인 느낌이 들어 애써 외면했던 기억이 난다. 그러나… 나는 이렇게 지금 학교폭력 관련 글을 쓰고 있다. ^^
 '더글로리'에서는 주인공 문동은이 박연진 무리에게 학교폭력을 당한 데 대한 복수를 다루고 있고, 잘 알려진 대사 중에는 '연진아 우리 같이 천천히 말라 죽어 보자'라는 다소 섬뜩한 내용이 있다. 실제 학교폭력 심의를 하다 보면, 피, 가해자 구분할 것 없이 말 그대로 천천히, 말라 죽어갈 것 같은 모습에 안타까움을 느끼게 되는 경우가 있다.

 고등학교 남학생 간 사안이 접수된 적이 있다. 아주 어릴 적 어린이집을 다닐 때부터 알고 지내던 친구 사이였다고 한다. 당연히 부모님들 간에도 형님, 아우, 언니, 동생 하면서 지냈고, 서로 가족 여행도 같이 다니는 말 그대로 친구 사이였다.
 하지만 중학교 재학 때 한 친구 집을 방문했을 때 학교폭력 사안이 발생하였고, 조치 역시 생활기록부 기재 유보에 해당하는 것으로 결정되었다. 하지만 한쪽에서 그간 그렇게 친하게 지내던 집이 이럴 수가? 하면서 서운한 감정이 크게 들었고, 그러면서 두 학생과 집안 사이에 갈등이 계속되었다.

사소한 일로도 서로 간에 학교폭력이 접수되었고, 그때마다 학생들은 피해 혹은 가해학생 확인서를 작성하고 심의위원회에 출석하여 진술을 반복했다. 그러는 사이 한 학생이 마음의 병이 깊어져 상담과 정신과 진료를 받게 되었다. 결국 그 학생이 더 이상은 안 되겠다며 전학을 가야겠다고 결심하게 되었지만, 그 사실을 알게 된 상대방 학생 쪽에서 다시 학교폭력 신고를 하게 된다. 현재 제도상 학교폭력 가해학생으로 신고될 경우 원칙적으로 조치결정에 따른 내용을 이행해야 학적 변경이 가능하기 때문에 전학은 일방적으로 몇 개월 다시 연기되었다. 이제 두 집안 사이에는 미움만 남았고, 학교폭력이 실제로 발생하는지는 중요하지 않게 되었다. 이사를 알아본다는 이야기만 돌아도 주변 부동산들을 돌며 학교폭력 관련 이야기를 전하며 집 구하기를 어렵게 하거나, 실제 학교폭력 사안 접수를 몇 년째 반복해 온 것 같았다.

심의실에서 양쪽 부모는 서로 상대방의 잘못을 탓하면서 고통을 호소하고 있었다. 그 과정에서 변호사 비용 등으로 수천만 원 이상을 지불하는 경제적 어려움도 있는 것 같았다. 하지만, 누가 진실을 이야기하는지 알기는 어려웠다. 아니, 진실은 중요하지 않았다. 그러는 사이 부모들 간의 갈등으로 인해 아이들이 병들고 있었다.

사춘기 아이들의 발랄한 얼굴이어야 할 아이들은 힘없이 무표정한 모습으로 말 한 마디 제대로 하지 못하고 있었다. 상담과 진료를 반복하고 있지만 수면제나 약을 먹지 않고는 생활을 하지 못한다고 했고, 학교 출석과 교우 관계 등에도 문제가 있어 보였다. 말 그대로 두 학생이, 같이, 천천히, 말라 죽어 가고 있었다.

  사랑하는 자녀라면서 왜 아이들에 집중하지 않고 이겨 봤자 별 도움이 못 될 부모들 간의 싸움에만 집중하는지 안타까운 경우가 많다. 아이들이 사소한 일에도 까르르 온몸을 흔들어가며 웃곤 했던, 그리고 그 모습을 보면서 너무나 행복했던 때를 기억하면 좋겠다. 정 싸우고 싶으면 부모들끼리 체육관 빌리고 심판 섭외해서 합법적으로 격투기든 권투든 시합 한 번 하고 끝내면 좋겠다는 부질없는 생각을 해 본다. 아이들이 말라 죽기 전에.

김 팀장님의 사안 관련 팁

　학교폭력의 시작은 자녀 간에 발생한 것이지만 보호자의 지나친 집착으로 인해 이 고리를 끊지 못하고 뫼비우스의 띠처럼 끊임없이 반복되는 경우가 많습니다. 이때 제3자가 나서서 현실을 직시할 수 있도록 조언하여 고리를 끊는 경우도 있습니다. 학교폭력은 주변의 외면과 방관에 의해 더 깊고 아픈 상처를 남기고 누구도 승자가 없는 패자만 남는 경우가 종종 있어 안타깝습니다.

　도움을 줄 수 있는 제3자라면 학교에서 가장 가까운 담임선생님과 상담선생님, 또는 교육지원청에서 심의를 진행한 장학사 등이 있을 수 있습니다. 누군가는 피, 가해 측에 고언을 해 줄 수 있는 용기 있는 제3자가 있기를 바랍니다.

 조 변호사님의 법률 조언

　학교폭력 사건들을 마주하다 보면 어떨 때는 성인 간의 법정 다툼과 다를 것이 없다는 생각을 하곤 합니다. 성인들의 법정 싸움도 다르지는 않습니다. 처음에 지인 사이로 형님, 동생 하면서 잘 지내다가, 작은 감정 하나가 큰 불씨가 되어 신고가 되고 소송으로 번져 가곤 하지요.

　뒤가 없는 싸움에 승자는 없습니다. 승소한 쪽도 패소한 쪽도 결국엔 말라 죽어 가는 것일 뿐입니다. 당사자가 아이들이라 할지라도 말이지요.

우리 헤어졌어요

 이팔청춘이라는 말이 있다. '이팔'은 숫자 2와 8을 곱한 수 16을 의미하며, 사람 나이 열여섯 살을 말한다. 이때가 한창 어리고 젊은 나이라고 하여 봄철의 막 새로 돋은 새싹 같은 때를 의미하는 청춘을 붙여 이팔청춘이라고 한다. 소위 '한국 나이'라는 것도 있으니, 이팔청춘은 만 나이로는 14세에서 15세, 즉 중학교 3학년 정도의 나이라고 생각하면 될 것 같다.
 춘향전의 춘향과 이도령이 이 나이 때 광한루에서 만나 사랑을 속삭였다. 서양의 유명한 사랑 이야기 '로미오와 줄리엣'에서 주인공 줄리엣은 13세로 볼 수 있다고 한다. 어쨌거나 중학생 나이쯤 되면 이성 교제에 관심을 가지게 되는 것은 어찌 보면 자연의 순리가 아닌가 싶고, '머리에 피도 안 마른 것들이'라고 보는 경우도 있지만 꽁냥꽁냥 교제를 시작하는 모습을 보면 귀여운 마음이 들 때도 있다.

 학교폭력 사안에서도 청소년기 사랑과 관련한 사안이 자주 접수된다. 중학교 남녀 학생들과 관련한 사안이 있었다. 아직 어린 나이지만 이 두 학생의 사랑은 쉽게 달아올랐고, 학생들에게는 아직 금기시되는 성관계까지 이르게 되었다. 사랑이 그렇게 계속 이어지면 좋겠지만, 둘 사이는 어느새 식어 버렸고 이별을 하기에 이르렀다.
 그냥 그렇게 잘 헤어졌으면 좋으련만 남학생이 주변의 친구들에게 자신의 성관계에 대해 이야기를 하고 다닌 모양이었다. 그 이야기를 전해

듣게 된 여학생이 정신적 충격을 받게 되었고, 어느새 학교에 소문이 나서 주변 친구들과의 관계는 물론 학교 등교가 어려워진 상황인 듯했다.

심의일에는 먼저 해당 여학생과 보호자가 입장했다. 여학생은 남학생과 둘이 합의하에 성관계를 가졌지만 소문이 나게 되어 학교생활이 너무 어려워졌음을 눈물로 이야기했다. 보호자 역시 아이가 어린 나이에 성관계를 가지게 된 것은 잘못이겠지만, 남학생의 언행으로 인해 학교를 안 가려 하고 어려움을 겪고 있음을 진술해 주었다.

다음으로 들어온 남학생 역시 둘 사이의 관계와 함께, 친구들에게 이야기를 했던 사실 역시 인정했다. 하지만 자신 역시 피해를 입었다는 점을 주장했다. 이유를 물으니 자신이 친구들에게 성관계에 대해 이야기한 것에 대해 상대 여학생이 확인을 하고 다녔으니, 상대 학생 역시 성관계에 대해 이야기하고 다닌 것이고 그렇다면 자신도 상대방이 이런 언행으로 인해 피해를 본 게 맞지 않느냐는 주장이었다. 둘 간의 사생활에 대해 먼저 이야기를 해서 상대 학생에게 피해를 준 것은 인정하지만, 상대가 가만있으면 좋았을 텐데 자기가 이런 이야기를 하고 다닌다고 확인을 한 것 때문에 자신 역시 피해를 입었다는 주장을 듣고는 있었지만 동의하기는 어려웠다.

아들의 이런 주장을 듣는 학생의 보호자 역시 아들의 의견대로 피해를 주장하고 있었다. 아무래도 여학생 입장에서는 먼저 사생활과 관련한 소문이 났고, 아무래도 여학생이니만큼 그런 소문이 더 피해를 주지 않겠느냐는 말에 그런 생각에 동의하지 않는다며 자신의 피해를 인정해 줄 것을 요구하고 있었다.

고등학교 재학 중 출산을 하게 된 이야기를 다루는 TV 프로그램도 방영되는 등 성과 관련된 사회의 인식이 많이 변하고 있다. 성관계까지는 아니더라도 학생들이 마음에 드는 이성과 만나고 헤어지는 것은 자연스러운 현상이다. 이성 교제를 포함한 인간관계에서 가장 중요한 것 중 하나는 무엇보다 상대에 대한 배려가 아닐까 싶다. 이건 교제 전이나, 혹은 부득이 헤어진 이후에라도 필요하다.

춘향과 이도령, 로미엣과 줄리엣 같은 이팔청춘의 사랑을 색안경을 끼고 볼 일만은 아니다. 그 사랑이 아름답게 피어날 수 있도록 이성에 대해, 보다 넓게는 사람이 사람을 대하는 올바른 자세를 갖출 수 있도록 교육이 필요하겠다는 생각을 해 본다.

김 팀장님의 사안 관련 팁

학교폭력 유형 중 가장 많은 비율을 차지하는 것은 언어폭력이며 다음으로 신체폭력입니다. 그리고 비율이 높지 않더라도 성폭력(언어적 성희롱 포함) 신고 접수 또한 증가하고 있는 추세입니다. 추세입니다. 중학교 시기의 학생들을 대상으로 가장 빈번하게 접수됩니다. 모든 학교폭력 사안은 가해학생이 본인의 잘못을 성찰하고 반성하는 태도로 진술한다면 갈등의 요소가 감소하거나, 긍정적인 경우 심의까지 진행되지 않고 학교장자체해결로도 마무리가 될 수 있습니다. 위 사례처럼 자기 입장만 생각한 책임 없는 언행은 전혀 도움이 되지 않습니다. 오히려 반성의 태도가 없는 것으로 간주되어 감경 조치가 아닌 가중 처벌을 할 가능성도 있으니 진술 시 신중해야 할 것입니다.

 ## 조 변호사님의 법률 조언

미성년자인 학생들이 학교생활을 하다 보면, 때로는 친구와 갈등이 생기기도 하고 친구를 험담하기도 합니다. 다만, 불특정 혹은 다수에게 전달이 되도록 다른 학생을 험담하는 경우 이는 형법상 '명예훼손죄'에 해당하는 행위가 될 수 있고, 명예훼손 행위는 학교폭력 행위로 인정이 될 수도 있습니다.

하물며 개인의 지극히 사생활에 속하는 성적 내용을 포함한 험담이 이루어진다면, 성인이었다면 중한 처벌을 받을 수 있는 매우 잘못된 행동이지요.

〈관련 조문〉

「학교폭력예방 및 대책에 관한 법률」

제2조

1. "학교폭력"이란 학교 내외에서 학생을 대상으로 발생한 상해, 폭행, 감금, 협박, 약취·유인, 명예훼손·모욕, 공갈, 강요·강제적인 심부름 및 성폭력, 따돌림, 사이버폭력 등에 의하여 신체·정신 또는 재산상의 피해를 수반하는 행위를 말한다.

음메 기죽어, 음메 기 살어

 2023년 여름, 좀처럼 움직이지 않는 교직 사회가 큰 슬픔에 잠겨 사회적 목소리를 크게 낸 때가 있었다. 서이초등학교에서 한 여선생님이 생을 마감한 것이 발단이 되었다. 초등학교 교실에서 학생들 간 일어난 학교폭력 사안에 대해 관련 학부모가 민원을 과도하게 제기된 것으로 알려졌다. 그간 학부모의 과도한 민원과 학교 및 교육청의 소극적 대응, 그리고 아동학대법 등으로 인한 교권 침해 등 여러 사안들이 맞물려 선생님들이 국회로 모여드는 등 교권 보호를 위한 대책을 강하게 요구하였다. 비록 서이초등학교의 해당 학부모에게 무혐의 처분이 내려진 것으로 알려졌지만 이후 다른 학교에서도 유사한 사례가 전해지는 등 학교 교육활동 보호를 위한 요구는 이어지고 있다.
 학교폭력 사안을 접하다 보면 분명 변화가 필요하다는 생각이 들 때가 많다.
 한 초등학교의 학교폭력 업무 담당 선생님은 학교폭력 사안을 처리하게 되었는데 해당 학부모가 사안 처리에 대해 자기 자식의 이야기가 잘 반영되지 않는다며 강하게 민원을 제기하였다. 교육지원청이 보기에 선생님의 업무 처리는 별 문제가 없었지만 사안 조사 과정에서부터 전반적으로 불만을 가진 학부모 민원에 대응하느라 몸과 마음이 지쳐 가고 있는 것 같았다. 교육지원청에 사안 처리 과정에 대해 문의하면서 항상 목소리에 울음이 묻어 있었다. 그러지 마시라고, 도와드릴 수 있는 부분은 도와드리겠다고 말씀드렸지만 결국 선생님은 방학을 한 달여 남기고 질병 휴직에 들어가게 되었다. 그간의 사정을 잘 알기에 잘 생각하신 거라고, 푹 쉬시고 다시 힘내서 돌아오시라고 말씀드리면서 마음이 편치 않았다.

다른 학교에서는 한 학생이 다른 여러 학생들에게 학교폭력을 당하고 있다는 사안이 접수되었다. 그냥 이렇게 쓰면 집단 따돌림처럼 느껴지지만 사안 내용을 들여다보면 별다른 가해 내용이 확인되지 않았고, 오히려 상대 학생들의 모든 행동에 대해 너무 민감하게 반응하는 학생 때문에 다른 여러 학생이 피해를 입고 있지 않나 하는 생각이 들기도 하는 사안이었다.

이 사안을 처리하는 선생님 역시 학생과 학부모로 인해 많은 어려움을 겪고 있었고, 결국 하혈을 하고 쓰러졌다는 소식을 들었다. 다행히 곧 회복하셨고 사안 역시 마무리되었지만 학교와 교육지원청에서 사안 처리 과정이 힘이 많이 들 수밖에 없었다.

학교에서 선생님들이 학교폭력 사안 처리를 하다 보면 대부분 업무 처리를 잘해 주시지만 개중에는 작은 실수가 있는 경우도 있다. 하지만 이런 실수를 빌미 삼아, 혹은 아무런 업무상 잘못이 없음에도 불구하고 자기 아이에게 불이익이 가고 있다는 생각에 빠져 죄 없는 학교와 선생님에게 화풀이로밖에 생각되지 않는 민원을 제기하는 경우가 많다. 절차와 과정에 대해 끊임없이 한 시간이고 두 시간이고 자기 이야기만 하면서 따지고, 한없이 인내하며 적법한 과정을 안내해도 도무지 듣지 않는다. 오히려 상대 학생 쪽에서 돈 먹은 거 아니냐는 어처구니없는 소리를 하는 경우도 있다. 이런 민원을 소위 악성 민원이라고 한다.

예전에 쓰리랑 부부라고 해서, 코미디언 김한국 씨와 김미화 씨가 큰 인기를 끈 캐릭터가 있었다. 웃음 가득한 부부 싸움 끝에 음메 기죽어 하고 김한국 씨가 꼬리를 내리면, 음메 기 살어 하면서 김미화 씨가 의기양양한 사자후를 토했다.

밑도 끝도 없는 학교폭력 관련 민원에 학교와 선생님이 결국 음메 기죽어 하면서 질병 휴직을 들어가든지 하면, 민원인은 음메 기 살어 하면서 쾌재를 외친다. 자신이 상황을 잘못 이해한 때문이라는 생각은 전혀 없이, 그저 학교와 교육청, 사회의 잘못이라고만 여기고 '내 아이'의 이야기가 맞다고만 여긴다. 이쯤 되면 악성민원이라고 부르지 말고 '악질민원'이라고 불러야 한다.

이런 악질민원이 이어지게 되어 베테랑 선생님들이 자의든 타의든 학교를 떠나게 되면 결국 피해는 학교 잘 다니는 아이들과 선생님, 학부모들이 입게 되고, 교육은 더욱 황폐해진다. 실제로 능력 있는 여러 선생님들이 이런 상황을 더 이상 견디지 못하고 학교를 떠난다는 기사에 아쉽다는 반응보다 잘한 선택이라는 격려의 댓글이 많기도 하다. 요즘은 이런 세태에 더해, 인구 감소가 맞물려 교대와 사대의 인기가 많이 떨어졌다고도 한다. 다행히 '교원의 학생 생활지도에 관한 고시'를 비롯해 교육활동 보호를 위한 정책이 마련되고 있지만 현장의 눈높이에 맞는지는 의문이다. '내 자식'만이 아닌 우리 모두의 아이들을 생각하는 학부모가 늘고, 선생님들은 교육활동에 더 힘쓰며, 교육지원청 역시 학교를 위한 다양한 정책을 개발하고 실행할 수 있으면 좋겠다는 바람을 가져 본다. 어찌되었든 교육이 희망이고, 교육이 미래다.

김 팀장님의 사안 관련 팁

　악성민원은 학교폭력 신고 접수 전이라도 학교와 교육지원청에 해당 학부모가 전화하여 시작되는 경우가 있습니다. 이때 학교폭력을 인지하게 되면 바로 접수하고 이후 사안 처리를 진행해야 할 것입니다. 하지만 일부 민원인은 전화한 것이 곧 신고 접수한 것으로 생각하기 때문에 민원인과의 통화 시 정식 신고 접수를 하는 것인지 재차 물어볼 필요가 있습니다. 이후 학생 사실확인서를 꼭 제출해 달라고 해야 하며 이때 대면 진술을 원칙으로 해야 합니다. 학교와 교육지원청에서 전화만으로 갈등 사안이 해결되었다고 생각하거나 혹은 단순 상담으로 인식하여 상황을 종료한다면 더 큰 민원이 발생할 수도 있습니다.

　일부 악성민원은 시작부터 소통이 어렵습니다. 우선 힘들겠지만 상황에 대한 설명 또는 주장을 일단 들어주고, 해당 민원인이 원하는 것을 정확히 이해하고 학폭법에서 허용되는 테두리에서 도움을 줄 수 있음을 전하여 안정시킬 필요가 있습니다. 이때 언어적 표현에 있어서 주의하여 대화해야 할 것입니다.

　학교 내 책임교사나 팀임 선생님, 교육지원청 담당자는 상담에 있어서 좀 더 인내하고, 피, 가해 관련자들에게 신뢰를 줄 수 있는 안정감 있는 언행이 필요합니다.

 조 변호사님의 법률 조언

　우리 아이가 학교폭력 사건에 연루되면, 부모로서는 평정을 유지하기가 쉽지 않을 것입니다. 피해를 받은 쪽이라면 더더욱 그럴 것이지요. 감정이 고조된 상태에서 바라보면 학교든 교육청이든 마음에 들 리가 만무합니다. 작은 잘못 하나 하나가 우리 아이에게 피해를 준 큰 잘못으로 보일 수도 있지요.

하지만, 당사자가 아닌 절차를 수행하는 선생님에게 민원의 도를 넘어 괴롭힘에 이르게 된다면 더 이상 피해자가 아닌 가해자가 될 수도 있습니다.

〈관련 조문〉
「교원의 지위 향상 및 교육활동 보호를 위한 특별법」
제19조
이 법에서 "교육활동 침해 행위"란 고등학교 이하 각급학교에 소속된 학생 또는 그 보호자(친권자, 후견인 및 그 밖에 법률에 따라 학생을 부양할 의무가 있는 자를 말한다. 이하 같다) 등이 교육활동 중인 교원에 대하여 다음 각 호의 어느 하나에 해당하는 행위를 하는 것을 말한다.
  2. 교원의 교육활동을 부당하게 간섭하거나 제한하는 행위로서 다음 각 목의 어느 하나에 해당하는 행위
    가. 목적이 정당하지 아니한 민원을 반복적으로 제기하는 행위
    나. 교원의 법적 의무가 아닌 일을 지속적으로 강요하는 행위
    다. 그 밖에 교육부장관이 정하여 고시하는 행위

이의 있습니다~!

　법정을 다룬 영화나 드라마를 재미있게 본 경험이 있다. 꼼짝없이 누명을 쓰고 복역을 해야 할 것 같은 피고인을 위해 변호사가 동분서주 노력하고, 법정에서 검사의 추궁에 '이의 있습니다~!'라고 외치는 장면은 백미가 아닐까 싶다.

　과거 학교폭력은 아무래도 아이들끼리의 싸움이었고, 요즘에도 대부분 사안은 법률대리인(변호인) 없이 당사자들 간에 진행되지만 종종 변호인이 사안 진행 과정에 개입하곤 한다.

　업무를 처리하는 과정에서 변호인이 들어오는 것은 아무래도 번거롭기도 하고, 그리 반갑지는 않은 일이다. 하지만 적지 않은 돈을 들이면서 자녀에게 좀 더 유리한 방향으로 심의가 진행되기를 기대하는 마음을 부정적으로만 보기는 어렵다.

　심의위원회에 변호사들이 무조건 참석할 수 있는 것은 아니고, 심의위원들의 결정에 따르게 된다. 하지만 대개의 경우 변호사들을 참석시켜 관련 학생들이 법적 도움을 받을 수 있도록 하는 경우가 많다. 개인의 선택이긴 하지만 어떤 경우엔 변호사를 쓰지 않아도 될 것 같은데 굳이 변호사를 선임해서 큰 도움이 되지 못하는 경우도 있다. 본인이 알아서 할 문제인데도 '미리 이런 사안은 변호사 안 써도 된다고 교육지원청에서 미리 알려줬으면 돈 들이지 않았을 것 아니냐!'면서 엉뚱하게 항의하는 경우도 있다.

변호사가 개인적으로 사안을 접수하는 경우도 있지만 요즘은 학교폭력 전문 변호인들끼리 따로 법무법인을 차리기도 하는 것 같다. 학교폭력을 중심으로 한 갈등이 첨예한 경우가 많아지면서 나름의 시장이 형성된 듯하다.

여러 변호사들을 보고 있으면 열심히 사안 처리를 도와주는 변호사도 있지만 건성건성 업무를 처리하는 경우도 있다.

어느 심의에서는 가해학생의 변호사가 참석을 한다고 알고 있었는데 도무지 시간이 지나도 오지 않아서 연락을 해 보니, 교육지원청에서 안내한 곳이 아닌 엉뚱한 곳으로 가는 바람에 결국 심의 말미에 말 그대로 땀을 뻘뻘 흘리며 헐레벌떡 뛰어 들어와 몇 마디 말 못하고 나가는 모습을 본 적이 있다.

얼마 전에는 주무관님이 의견을 물어 왔다. 가해학생으로 심의위원회를 통해 조치처분을 받고, 이에 불복해서 행정소송을 청구하는 우편물이 왔다는 내용이었다. 그걸 왜 협의해야 하는지 묻자, 이 서류는 교육지원청이 아닌 법원으로 가야 하는데 법무법인에서 실수로 이쪽으로 보낸 것 같다고 했다. 심의 결정 이후 정해진 기일 내에 행정소송을 청구해야 하는데, 엉뚱하게 법원이 아닌 교육지원청으로 서류를 보낸 것 같았다. 그냥 두면 시일이 지나서 기각이 될 것 같은데 서류를 보낸 법무법인에 이 사실을 알려줘야 할지 내 생각을 물었다. 그 학생이 학교를 많이 어렵게 하고 있는 것으로 알고 있기도 하고, 굳이 그런 사실까지 친절하게 알려줘야 하나 싶다고 솔직한 의견을 전했다. 하지만 이게 생각보다 그쪽 변호사와 학생 측이 크게 싸울 일이라며 알리는 게 좋을 것 같다고 하여 좋은 마음으로 그쪽이 실수했다고 알려주게 되었다. 고맙다는 말을 들었는지는 모르겠다.

이런 변호사가 있는 반면에 열심히 하는 모습을 보는 경우도 있다. 교육지원청에서야 솔직히 귀찮을 수도 있지만 조목조목 사안 처리 과정을 짚어 주며 학생을 성의 있게 대하는 경우도 있었고, 심의 결과에 영향을 줄 수 있는 서류들을 잘 준비해서 제출하는 경우도 종종 있다. 심의를 마치고 돌아가는 복도에서 말 한 마디 안 하고 서로 갈 길 가는 변호사가 있는 반면, 마지막까지 학생과 학부모에게 여러 추가 설명을 전하면서 마음을 안정시키려는 대화를 나누는 변호사의 뒷모습을 보기도 한다.

사실 학교폭력대책심의위원회가 법정도 아니고, 변호사가 '이의 있습니다~!'라고 소리칠 경우는 거의 없다. 학교폭력 심의 과정이 촘촘해지면서 이를 겪는 학생과 학부모들에게 적절한 법률 서비스는 도움이 될 수 있을 것이다. 하지만 자세히는 모르지만 최소 몇백만 원에서 시작해서 결코 적지 않은 돈을 쓴다고들 하니, 이미 학교폭력 관련 시장이 블루오션을 넘어 레드오션화 되어 가며 아이들 싸움마저 돈으로 승부를 걸어야 하나 싶어 씁쓸하기도 하다.

김 팀장님의 사안 관련 팁

학교폭력 심의 시 법률대리인을 고용하여 함께 참석하는 것은 일상이 된 듯합니다. 하지만 결론적으로 말씀드리면 심의 의결에 대해 크게 영향을 주지 못합니다. 심의실에 마음대로 들어올 수도 없으며 관련자와 함께 참석하여 심의 내용에 대해 변론한다고 해도 별다른 도움이 못 됩니다. 그 이유는 이미 제출된 사실확인서 및 증빙서류, 관련 학생 진술을 통해 조치 의결을 내리는 것이 일반적이기 때문입니다. 다만 변호사가 관련 학생 및 보호자에게 피해 및 가해 사실에 대한 증빙서류를 잘 갖추는 데 도움을 줄 수 있다면 좋겠지만, 보통 학교 및 다른 주변인 혹은 저학년이 아니라면 관련 학생 스스로 준비를 잘할 수 있다고 생각합니다.

 조 변호사님의 법률 조언

학교폭력에 대한 징계 조치가 엄격해짐과 발맞추어 학교폭력 사건들을 전문으로 하는 로펌들도 많이 생겨났습니다. 전문가인 변호사의 조력을 받으면 그렇지 않은 경우보다 좋은 결과를 얻을 수도 있겠지만 변호사를 선임하는 것이 반드시 더 좋은 결과를 보장해주는 것은 아닙니다.

좋은 변호사를 선택하는 것은 일반인에게 어려운 일이 아닐 수 없습니다. 위기의 순간에 한 줄기 구원이 되는 조력자를 잘 찾으시기를 바라봅니다.

인생도처유상수

'인생도처유상수(人生到處有上手)'라는 말이 있다.

이 말은 '사람이 살아가는 곳곳마다 고수가 있다'는 뜻으로, 전 문화재청장 유홍준 교수가 '나의 문화유산 답사기'라는 책에서 한 말이다. 예로부터 있던 말은 아니고, 중국 북송시대 시인인 소동파의 시구(詩句) '인생도처유청산(人生到處有靑山·세상 곳곳이 청산이다)'에서 따온 것으로 알려져 있다.

한편 공자는 '논어'에서 '삼인행필유아사(三人行必有我師)'라는 말을 전했다. '세 사람이 걸어가면 반드시 나의 스승이 있다'는 의미이다. '인생도처유상수'와 '삼인행필유아사'라는 말을 따 온 이유는 세상을 살아가면서 나보다 잘난 사람들이 도처에 널렸다는 것을 생각해야 한다는 것을 전하고 싶어서이고, 이는 학교폭력 업무 처리에서도 적용할 수 있을 것 같다.

다른 곳도 그렇겠지만, 학교폭력 업무를 하다 보면 교육지원청을 가르치려고 드는 '상수' 혹은 '스승'들이 종종 나타난다. 어느 날 걸려왔던 전화도 그랬다.

"여보세요? 학교폭력 관련해서 뭐 좀 여쭤보려고요."

"네, 말씀하세요."

이렇게 통화는 시작되었다.

처음에는 학교폭력 피해학생 보호 조치에 대해 묻는 내용이었다. 피해학생 및 가해학생 간 분리가 학교장 재량으로 7일 동안 이루어질 수 있다는 말을 전하니, 자기도 안 그래도 학교폭력 관련 자료를 찾아봤다면서 그 정도로 피해학생 보호가 제대로 되겠냐는 훈수가 이어졌다. '뭐지?' 하는 생각이 들었지만 '네, 좋은 말씀 감사합니다.' 정도로 대답해 주었다. 그리고 계속되는 통화에서 상대방은 학교폭력 피, 가해학생 조사 과정에서 학부모가 동석하도록 해야 되지 않느냐, 그리고 피해학생에게 가해학생이 진술한 내용을 전해야 하지 않느냐는 질문을 계속 던졌다. '학교 조사 과정에서 보호자에게 안내할 수는 있겠지만 의무는 아니다, 그리고 상대 학생의 진술 내용을 전하기는 어렵다'라고 대답하니, 또다시 안 그래도 그 자료도 찾아 봤다면서 자신의 자녀가 최근 학교폭력 사안 관련하여 조사를 받았는데 개선이 필요할 것 같다는 이야기를 한다. 게다가 얼굴을 마주하지 않는 전화 통화상이어서 확실치는 않지만 말하는 어조가 약간의 비웃음을 풍기는 듯했다. 이쯤 되니 '나뿐 아니라 여러 장학사들에게 전화해서 비슷비슷한 내용으로 교육지원청을 시험하고 있는 건가?' 하는 불쾌한 생각이 들었다. 하지만 내색하기는 어렵다. '네, 전해주신 의견 잘 정리해서 추후 협의하겠습니다.' 정도로 통화를 마무리할 수밖에.

실제 심의에서도 가해 관련이든 피해 관련이든 참석한 보호자들이, 자신들이 겪은 학교폭력 사안 조사와 심의 과정에 대해 의견을 제시하는 경우가 종종 있다. 실제 겪은 분들의 의견인 만큼 좋은 생각일 경우 잘 기억해 놓았다가 나중에 관련 업무 장학사들 협의회 등에서 논의해 보기도 한다. 하지만 몇몇 보호자는 여러 차례 제지에도 불구하고 사안 내용과 관계없이 장황하게 학폭 업무 개선이 되어야 한다는 자신의 생각을 긴 시간 이야기하기도 한다. 학교폭력 사안을 겪으면서 마음에 맺힌 게 많은가 보다 싶긴 하지만 심의 결과에는 별반 도움이 되지는 않는다.

학교폭력 업무를 하다 보면 그 외에도 여기저기서 다양한 의견들이 전달된다. 좋게 말하면 '상수' 혹은 '스승'일 것이고, 안 좋게 말하면 '참견하기 좋아하는 못된 잔소리꾼' 정도가 아닐까 싶다.

그래도 어찌되었든 현장의 의견이 교육지원청에 전해지고, 그것이 좀 더 나은 업무 처리 과정을 만들어 가게 되는 것은 좋은 일이다. 하지만 자기 잘난 맛에 갑자기 전화 걸거나 국민신문고 등을 통해 툭 의견을 제시하고, 안 받아들이면 교육지원청이 업무를 잘 못 해서 그런 거라는 식으로 이야기하는 건 경우가 아니라고밖에 할 수 없다.

'그래도 내가 이 업무 하고 있는 장학사인데 말이야~!'라며 고집 피울 생각은 전혀 없다. 오히려 도처에 널린 '상수'와 '스승'들의 의견 제시를 고맙게 받아들이려고 한다. 하지만 정말 '상수'와 '스승'이라면 전하고자 하는 내용뿐 아니라, 자신의 의견이 더 잘 받아들여지기 위해 거쳐야 하는 과정도 지켜야 한다는 것도 알고 있을 것이다. 그리고 직결한 예의도 함께

 김 팀장님의 사안 관련 팁

업무를 처리하는 장학사에게 민원은 다양한 경로로 전달되게 됩니다. 좋게 말하면 의견제시, 발전 방안이라고도 볼 수 있지만 위 사례라면 자녀에게나 본인에게도 큰 마이너스가 됩니다. 대개 자녀들도 보호자가 진술 및 의견을 답할 시 자신에게 도움이 안 되면 얼굴을 찌푸리거나 손으로 제지,

또는 그만 말하라고 오히려 말리는 경우를 종종 볼 수 있습니다. 어린 자녀도 사안의 본질을 벗어난 보호자의 말이 별 도움이 안 된다는 것을 인식하고 있다는 방증일 것입니다.

  심의위원회 참석 시 사안에 대한 내용 외의 발언은 삼가는 것이 좋습니다. 꼭 할 말이 있다면 본인의 자녀를 잠시 심의실 밖으로 먼저 보내고 난 후 의견을 제시한다면 적어도 자녀에게 실망감은 주지 않는 것이 아닐까 하는 생각을 합니다.

 조 변호사님의 법률 조언

「국민 제안 규정」에서는 모든 국민으로 하여금 소관 행정청에 국민 제안을 제출할 수 있도록 명시하고 있습니다. 다만, 정부 시책이나 행정 제도 등에 대하여 현황과 문제점, 개선 방안 등을 작성하여 방문·우편·팩스 또는 온라인을 통해 행정청에 제출하도록 그 절차도 규정하고 있지요.

교육청의 문은 열려 있습니다. 정해진 절차를 준수해 주신다면 말입니다.

〈관련 조문〉
「국민 제안 규정」
제5조(국민 제안의 제출)
① 모든 국민은 제안 내용의 소관 행정청에 국민 제안을 제출할 수 있다.

픽 미 픽 미 픽 미 업

　몇 년 전 한 방송사에서 가수를 꿈꾸는 101명의 여성들이 함께 노래를 낸 적이 있었다. 자신을 선택해 달라는 'Pick me'가 반복되는 이 노래는 단순한 멜로디에 중독성 있는 가사로 큰 인기를 끌었다. 이후 노래 가사 그대로, 무엇인가를 꿈꾸는 사람들이라면 한 번쯤 이 노래를 들으며 자신의 바람이 이루어지기를 기원하는 경우가 많은 것 같다.

　2024년부터 학교폭력 사안 처리 과정에서 변화하는 것이라면 아무래도 '학교폭력전담조사관' 제도를 들 수 있을 것 같다.
　학교에서 학교폭력 사안처리 업무 담당 선생님들이 힘들어하는 것 중의 하나는 관련 학생들을 대상으로 학교폭력 사안이 어떻게 시작되고 진행되었는지 조사하는 일인 것 같다. 수업을 어떻게 하면 좋은 교육을 할 수 있을지 고민해 온 선생님들이 어느 날 학교폭력 업무를 맡게 되고, 가해학생과 피해학생들을 불러 사안 전반을 살펴보는 것은 어려운 일일 것이다. 더구나 학교 선생님으로서 수사권도 없는 상황에서 조사를 하다 보면, 이 과정에서 과도한 민원이 제기되는 경우가 많이 있다. 그 결과 마음에 상처를 입게 되고, 결국 건강을 해쳐서 휴직 혹은 아예 퇴직까지도 하는 안타까운 경우도 있다. 그래서 선생님들이 요구해 온 것 중 하나가 사안 조사만이라도 하지 않게 해 달라는 것이었고, 그 요구가 반영된 것이 학교폭력전담조사관 제도 도입이라고 볼 수 있다.

이에 교육지원청에서는 퇴직 경찰이나 교원 등을 중심으로 학교폭력 전담조사관을 선발하게 되었다. 내가 근무 중인 교육지원청에서도 관련 공고를 내고 지원자를 받아 선발을 진행하였다. 교육지원청별로 상황에 맞게 다양한 형태로 선발 과정을 거치게 되는데, 우리 교육지원청에서는 서류 심사 후 근무 능력 평가와 면접을 진행하였다.

근무 능력 평가가 있던 날, 업무 보조를 하게 되었다. 지원자들에게 가상의 가해학생과 피해학생의 확인서 등을 제공하고 이를 바탕으로 사안조사보고서를 작성하여 이메일로 제출하게 하였다. 하루 종일 평가장에서 일정 시간 간격으로 들어오는 지원자들에게 평가 과정을 안내하는 동안 지원자들이 어떤 분들인지 살펴볼 수 있었다.

퇴직 경찰이나 교원이 많아 보였고, 일부 상담 전문가 등 비교적 젊은 분들도 보였다. 젊은 지원자들은 대개 어느 정도 능숙한 모습으로 사안을 정리하고 이메일 제출까지 잘 마무리하였다. 하지만 일부 젊어 보이는 분들이 이메일 제출에서 당황하는 모습을 보면서 나이로 사람을 판단하면 안 되겠구나 하는 생각이 들었다. 연세가 있는 지원자분들은 희끗희끗한 머리로 두꺼운 안경을 쓴 채 잔뜩 웅크린 어깨와 거북이는 저리 가라 할 정도로 쭈욱 뺀 목으로, 제공된 노트북의 자판을 두드리고 있었다. 잘하실 수 있을까 하는 염려가 무색하게 젊은 사람 못지않게 자연스럽게 자판을 두드리며 주어진 시간이 다 되기 전에 마무리하였다고 손을 드는 분들도 종종 있었다. 하지만 나이에 상관없이 일부 지원자들은 한글 프로그램 사용과 이메일 작성 등도 어려워하는 등 기본적인 컴퓨터 사용 능력을 갖추고 있지 않은 것 같았다. 물론 학교폭력전담조사관을 컴퓨터 사용 능력만으로 뽑지는 않는 만큼, 사안이 발생했을 때 관련 학생과 학부모를 대상으로 내용을 잘 살피고 교육지원청에 보고할 수 있는 역량이 있다면 선발될 수 있을 것이다.

평가장 뒤쪽 공간에서 노트북과 싸우고 있는 응시자들의 뒷모습을 보고 있노라니 여러 생각이 들었다. 학생들을 대상으로 사안조사를 하는 것은 수사와는 달리 교육적인 마인드도 필요한데 저분들이 학교에서 잘 할 수 있을까 하는 싶기도 했다. 하지만 다른 것보다 이렇게 열정을 가지고 평가장에 오기까지 나름대로 많이 준비하셨겠구나 싶은 생각도 들었다. 학교폭력 관련 업무가 민원이 많고 특히 나이가 많은 분들은 생소한 곳에서 지금까지 해 온 일과 다른 성격의 일을 해야 하는데, 물론 약간의 수당이 나가긴 하겠지만 앞으로 이분들의 수고가 학교에 많은 도움이 될 수 있기를 바라는 마음이 들었다.

이런저런 평가 과정을 거치면서 아마 여러 지원자들은 꼭 자신이 뽑히길 바라는 마음이 들었을 것이다. 아마 모르긴 해도 가족들의 열렬한 응원도 있지 않았을까 싶다. 앞에서 소개한 노래 내용처럼 가슴이 디길 것 같이 두근두근 뛰는 하루였을 것 같다.

많은 분들이 전국 여러 교육지원청에서 학교폭력전담조사관에 지원했다. 올해 시작된 제도인 만큼 조금은 어려움도 있겠지만 아마 적어도 몇 해는 계속될 것이다. I want you pick me up! 역량 있는 좋은 분들이 선발되어 본인들도 보람을 느끼고, 학교 교육이 안정되는 데에도 많은 도움이 되면 좋겠다.

김 팀장님의 사안 관련 팁

　학교폭력전담조사관 제도가 2024년 처음 도입되면서 학교폭력 책임교사는 업무 부담이 줄고, 관련 학생과 보호자로부터 책임에 대한 부담과 민원을 조금이라도 덜 수 있다는 면에서 긍정적으로 볼 수 있습니다. 다만 전담조사관으로서의 전문성, 객관성, 중립성에서 얼마나 담보를 할 수 있을지 우려되는 면도 있습니다.

　교육부 컨설팅단으로서 도교육청 및 지역교육청에서 연수를 통해 경험한 것을 보면 지역교육청별로 사안 처리에 대해 특색이 있고 능력의 차이도 있다는 것을 알 수 있었습니다. 각 지역교육청마다 수시 교육을 통해 학교폭력 조사와 보고서 작성의 완결성을 기하도록 노력해야 할 것입니다.

 조 변호사님의 법률 조언

　'약은 약사에게'라는 말처럼 전문화·분업화를 통하여 사안 처리의 효율화를 도모할 수 있는 학교폭력전담조사관 제도가 2024년부터 도입되었습니다.

　조사에 전문화된 인력들로 당사자들의 억울함이 줄어드는 바람직한 결과를 꿈꾸어 봅니다.

〈관련 조문〉

「학교폭력예방 및 대책에 관한 법률」

제11조의2

① 교육감은 학교폭력 예방과 사후조치 등을 위하여 다음 각 호의 조사·상담 등을 수행할 수 있다.

 1. 학교폭력 피해학생 상담 및 가해학생 조사
 2. 필요한 경우 가해학생 학부모 조사

「학교폭력예방 및 대책에 관한 법률 시행령」

제8조

② 교육감은 법 제11조의2에 따른 학교폭력 조사·상담 업무의 효율적인 수행을 위하여 필요한 경우에는 제1항에 따른 전담 부서에서 학교폭력 조사·상담 관련 전문가를 활용하도록 할 수 있다.

부록

[부록 1]
학교폭력예방 및 대책에 관한 법률
(약칭: 학교폭력예방법)

[시행 2024. 3. 1.] [법률 제19942호, 2024. 1. 9., 일부개정]

교육부(학교폭력대책과) 044-203-6978

제1조(목적) 이 법은 학교폭력의 예방과 대책에 필요한 사항을 규정함으로써 피해학생의 보호, 가해학생의 선도·교육 및 피해학생과 가해학생 간의 분쟁조정을 통하여 학생의 인권을 보호하고 학생을 건전한 사회구성원으로 육성함을 목적으로 한다.

제2조(정의) 이 법에서 사용하는 용어의 정의는 다음 각 호와 같다. 〈개정 2009. 5. 8., 2012. 1. 26., 2012. 3. 21., 2021. 3. 23., 2023. 10. 24.〉

1. "학교폭력"이란 학교 내외에서 학생을 대상으로 발생한 상해, 폭행, 감금, 협박, 약취·유인, 명예훼손·모욕, 공갈, 강요·강제적인 심부름 및 성폭력, 따돌림, 사이버폭력 등에 의하여 신체·정신 또는 재산상의 피해를 수반하는 행위를 말한다.

1의2. "따돌림"이란 학교 내외에서 2명 이상의 학생들이 특정인이나 특정집단의 학생들을 대상으로 지속적이거나 반복적으로 신체적 또는 심리적 공격을 가하여 상대방이 고통을 느끼도록 하는 모든 행위를 말한다.

1의3. "사이버폭력"이란 정보통신망(「정보통신망 이용촉진 및 정보보호 등에 관한 법률」 제2조제1항제1호의 정보통신망을 말한다)을 이용하여 학생을 대상으로 발생한 따돌림과 그 밖에 신체·정신 또는 재산상의 피해를 수반하는 행위를 말한다.

2. "학교"란 「초·중등교육법」 제2조에 따른 초등학교·중학교·고등학교·특수학교 및 각종학교와 같은 법 제61조에 따라 운영하는 학교를 말한다.

3. "가해학생"이란 가해자 중에서 학교폭력을 행사하거나 그 행위에 가담한 학생을 말한다.

4. "피해학생"이란 학교폭력으로 인하여 피해를 입은 학생을 말한다.

5. "장애학생"이란 신체적·정신적·지적 장애 등으로 「장애인 등에 대한 특수교육법」 제15조에서 규정하는 특수교육이 필요한 학생을 말한다.

제3조(해석·적용의 주의의무) 이 법을 해석·적용하는 경우 국민의 권리가 부당하게 침해되지 아니하도록 주의하여야 한다. 〈개정 2021. 3. 23.〉

제4조(국가 및 지방자치단체의 책무) ① 국가 및 지방자치단체는 학교폭력을 예방하고 근절하기 위하여 조사·연구·교육·계도 등 필요한 법적·제도적 장치를 마련하여야 한다.

② 국가 및 지방자치단체는 청소년 관련 단체 등 민간의 자율적인 학교폭력 예방활동과 피해학생의 보호 및 가해학생의 선도·교육활동을 장려하여야 한다.

③ 국가 및 지방자치단체는 제2항에 따른 청소년 관련 단체 등 민간이 건의한 사항에 대하여는 관련 시책에 반영하도록 노력하여야 한다.

④ 국가 및 지방자치단체는 제1항부터 제3항까지의 규정에 따른 책무를 다하기 위하여 필요한 행정적·재정적 지원을 하여야 한다. 〈개정 2012. 3. 21.〉

제5조(다른 법률과의 관계) ① 학교폭력의 규제, 피해학생의 보호 및 가해학생에 대한 조치에 관하여 다른 법률에 특별한 규정이 있는 경우를 제

외하고는 이 법을 적용한다. 〈개정 2021. 3. 23.〉

② 제2조제1호 중 성폭력은 다른 법률에 규정이 있는 경우에는 이 법을 적용하지 아니한다.

제6조(기본계획의 수립 등) ① 교육부장관은 이 법의 목적을 효율적으로 달성하기 위하여 학교폭력의 예방 및 대책에 관한 정책 목표·방향을 설정하고, 이에 따른 학교폭력의 예방 및 대책에 관한 기본계획(이하 "기본계획"이라 한다)을 제7조에 따른 학교폭력대책위원회의 심의를 거쳐 수립·시행하여야 한다. 〈개정 2012. 3. 21., 2013. 3. 23.〉

② 기본계획은 다음 각 호의 사항을 포함하여 5년마다 수립하여야 한다. 이 경우 교육부장관은 관계 중앙행정기관 등의 의견을 수렴하여야 한다. 〈개정 2012. 3. 21., 2013. 3. 23.〉

1. 학교폭력의 근절을 위한 조사·연구·교육 및 계도

2. 피해학생에 대한 치료·재활 등의 지원

3. 학교폭력 관련 행정기관 및 교육기관 상호 간의 협조·지원

4. 제14조제1항에 따른 전문상담교사의 배치 및 이에 대한 행정적·재정적 지원

5. 학교폭력의 예방과 피해학생 및 가해학생의 치료·교육을 수행하는 청소년 관련 단체(이하 "전문단체"라 한다) 또는 전문가에 대한 행정적·재정적 지원

6. 그 밖에 학교폭력의 예방 및 대책을 위하여 필요한 사항

③ 교육부장관은 학교에서 학교폭력에 효과적으로 대응할 수 있도록 학교폭력 사안처리 및 예방교육 등에 관한 안내서를 개발·보급하여야 한다. 〈신설 2023. 10. 24.〉

④ 교육부장관은 대통령령으로 정하는 바에 따라 특별시·광역시·특별자치시·도 및 특별자치도(이하 "시·도"라 한다) 교육청의 학교폭력 예방 및 대책과 그에 대한 성과를 평가하고, 이를 공표하여야 한다. 〈신설 2012. 1. 26., 2013. 3. 23., 2023. 10. 24.〉

제6조의2(학교폭력 대응 전문교육기관 및 센터 운영 등) ① 국가는 학생 치유·회복을 위한 보호시설 운영, 연구 및 교육 등을 수행하는 전문교육기관을 설치·운영할 수 있다.

② 국가는 학교폭력의 효과적인 예방 및 대응을 위한 센터(이하 "학교폭력 예방센터"라 한다)를 지정·운영할 수 있다.

③ 제1항에 따른 전문교육기관의 설치·운영과 제2항에 따른 학교폭력 예방센터의 지정·운영에 관한 사항은 대통령령으로 정한다.

[본조신설 2023. 10. 24.]

제7조(학교폭력대책위원회의 설치·기능) 학교폭력의 예방 및 대책에 관한 다음 각 호의 사항을 심의하기 위하여 국무총리 소속으로 학교폭력대책위원회(이하 "대책위원회"라 한다)를 둔다. 〈개정 2012. 3. 21., 2019. 8. 20.〉

1. 학교폭력의 예방 및 대책에 관한 기본계획의 수립 및 시행에 대한 평가

2. 학교폭력과 관련하여 관계 중앙행정기관 및 지방자치단체의 장이 요청하는 사항

3. 학교폭력과 관련하여 교육청, 제9조에 따른 학교폭력대책지역위원회, 제10조의2에 따른 학교폭력대책지역협의회, 제12조에 따른 학교폭력대책심의위원회, 전문단체 및 전문가가 요청하는 사항

[제목개정 2012. 3. 21.]

제8조(대책위원회의 구성) ① 대책위원회는 위원장 2명을 포함하여 20명 이내의 위원으로 구성한다.

② 위원장은 국무총리와 학교폭력 대책에 관한 전문지식과 경험이 풍부한 전문가 중에서 대통령이 위촉하는 사람이 공동으로 되고, 위원장 모두가 부득이한 사유로 직무를 수행할 수 없을 때에는 국무총리가 지명한 위원이 그 직무를 대행한다.

③ 위원은 다음 각 호의 사람 중에서 대통령이 위촉하는 사람으로 한다. 다만, 제1호의 경우에는 당연직 위원으로 한다. 〈개정 2013. 3. 23., 2014. 11. 19., 2017. 7. 26.〉

1. 기획재정부장관, 교육부장관, 과학기술정보통신부장관, 법무부장관, 행정안전부장관, 문화체육관광부장관, 보건복지부장관, 여성가족부장관, 방송통신위원회 위원장, 경찰청장

2. 학교폭력 대책에 관한 전문지식과 경험이 풍부한 전문가 중에서 제1호의 위원이 각각 1명씩 추천하는 사람

3. 관계 중앙행정기관에 소속된 3급 공무원 또는 고위공무원단에 속하는 공무원으로서 청소년 또는 의료 관련 업무를 담당하는 사람

4. 대학이나 공인된 연구기관에서 조교수 이상 또는 이에 상당한 직에 있거나 있었던 사람으로서 학교폭력 문제 및 이에 따른 상담 또는 심리에 관하여 전문지식이 있는 사람

5. 판사·검사·변호사

6. 전문단체에서 청소년보호활동을 5년 이상 전문적으로 담당한 사람

7. 의사의 자격이 있는 사람

8. 학교운영위원회 활동 및 청소년보호활동 경험이 풍부한 학부모

④ 위원장을 포함한 위원의 임기는 2년으로 하되, 한 차례에 한정하여 연임할 수 있다. 〈개정 2021. 3. 23.〉

⑤ 위원회의 효율적 운영 및 지원을 위하여 간사 1명을 두되, 간사는 교육부장관이 된다. 〈개정 2013. 3. 23.〉

⑥ 위원회에 상정할 안건을 미리 검토하는 등 안건 심의를 지원하고, 위원회가 위임한 안건을 심의하기 위하여 대책위원회에 학교폭력대책실무위원회(이하 "실무위원회"라 한다)를 둔다.

⑦ 그 밖에 대책위원회의 운영과 실무위원회의 구성·운영에 필요한 사항은 대통령령으로 정한다.

[전문개정 2012. 3. 21.]

제9조(학교폭력대책지역위원회의 설치) ① 지역의 학교폭력 문제를 해결하기 위하여 시·도에 학교폭력대책지역위원회(이하 "지역위원회"라 한다)를 둔다. 〈개정 2012. 1. 26.〉

② 특별시장·광역시장·특별자치시장·도지사 및 특별자치도지사는 지역위원회의 운영 및 활동에 관하여 시·도의 교육감(이하 "교육감"이라 한다)과 협의하여야 하며, 그 효율적인 운영을 위하여 실무위원회를 둘 수 있다. 〈개정 2012. 1. 26.〉

③ 지역위원회는 위원장 1인을 포함한 11인 이내의 위원으로 구성한다.

④ 지역위원회 및 제2항에 따른 실무위원회의 구성·운영에 필요한 사항은 대통령령으로 정한다.

제10조(학교폭력대책지역위원회의 기능 등) ① 지역위원회는 기본계획에 따라 지역의 학교폭력 예방대책을 매년 수립한다.

② 지역위원회는 해당 지역에서 발생한 학교폭력에 대하여 교육감 및 시·도경찰청장에게 관련 자료를 요청할 수 있다. 〈개정 2020. 12. 22.〉

③ 교육감은 지역위원회의 의견을 들어 제16조제1항제1호부터 제3호까지나 제17조제1항제5호에 따른 상담·치료 및 교육을 담당할 상담·치료·교육 기관을 지정하여야 한다. 〈개정 2012. 1. 26.〉

④ 교육감은 제3항에 따른 상담·치료·교육 기관을 지정한 때에는 해당 기관의 명칭, 소재지, 업무를 인터넷 홈페이지에 게시하고, 그 밖에 다양한 방법으로 학부모에게 알릴 수 있도록 노력하여야 한다. 〈신설 2012. 1. 26.〉

[제목개정 2012. 1. 26.]

제10조의2(학교폭력대책지역협의회의 설치·운영) ① 학교폭력예방 대책을 수립하고 기관별 추진계획 및 상호 협력·지원 방안 등을 협의하기 위하여 시·군·구에 학교폭력대책지역협의회(이하 "지역협의회"라 한다)를 둔다.

② 지역협의회는 위원장 1명을 포함한 20명 내외의 위원으로 구성한다.

③ 그 밖에 지역협의회의 구성·운영에 필요한 사항은 대통령령으로 정한다.

[본조신설 2012. 3. 21.]

제11조(교육감의 임무) ① 교육감은 시·도교육청에 학교폭력의 예방·대책 및 법률지원을 포함한 통합지원을 담당하는 전담부서를 설치·운영하여야 한다. 〈개정 2023. 10. 24.〉

② 교육감은 관할 구역 안에서 학교폭력이 발생한 때에는 해당 학교의 장 및 관련 학교의 장에게 그 경과 및 결과의 보고를 요구할 수 있다.

③ 교육감은 관할 구역 안의 학교폭력이 관할 구역 외의 학교폭력과 관련이 있는 때에는 그 관할 교육감과 협의하여 적절한 조치를 취하여야 한다.

④ 교육감은 학교의 장으로 하여금 학교폭력의 예방 및 대책에 관한 실시계획을 수립·시행하도록 하여야 한다.

⑤ 교육감은 제12조에 따른 심의위원회가 처리한 학교의 학교폭력빈도를 학교의 장에 대한 업무수행 평가에 부정적 자료로 사용하여서는 아니 된다. 〈개정 2019. 8. 20.〉

⑥ 교육감은 제17조제1항제8호에 따른 전학의 경우 그 실현을 위하여 필요한 조치를 취하여야 하며, 제17조제1항제9호에 따른 퇴학처분의 경우 해당 학생의 건전한 성장을 위하여 다른 학교 재입학 등의 적절한 대책을 강구하여야 한다. 〈개정 2012. 1. 26., 2012. 3. 21.〉

⑦ 교육감은 대책위원회 및 지역위원회에 관할 구역 안의 학교폭력의 실태 및 대책에 관한 사항을 보고하고 공표하여야 한다. 관할 구역 밖의 학교폭력 관련 사항 중 관할 구역 안의 학교와 관련된 경우에도 또한 같다. 〈개정 2012. 1. 26., 2012. 3. 21.〉

⑧ 교육감은 학교폭력의 실태를 파악하고 학교폭력에 대한 효율적인 예방대책을 수립하기 위하여 학교폭력 실태조사를 연 2회 이상 실시하고 그 결과를 공표하여야 한다. 〈신설 2012. 3. 21., 2015. 12. 22.〉

⑨ 교육감은 학교폭력 등에 관한 조사, 상담, 치유프로그램 운영, 학생 치유·회복을 위한 보호시설 운영, 법률지원을 포함한 통합지원 등을 위한 전문기관을 설치·운영하여야 한다. 〈신설 2012. 3. 21., 2023. 10. 24.〉

⑩ 교육감은 제14조제3항에 따른 전담기구 구성원의 학교폭력 관련 전문성 향상을 위한 교육 등을 실시할 수 있다. 〈신설 2023. 10. 24.〉

⑪ 교육감은 관할 구역에서 학교폭력이 발생한 때에 해당 학교의 장 또는 소속 교원이 그 경과 및 결과를 보고하면서 축소 및 은폐를 시도한 경

우에는 「교육공무원법」 제50조 및 「사립학교법」 제62조에 따른 징계위원회에 징계의결을 요구하여야 한다. 〈신설 2012. 3. 21., 2021. 3. 23., 2023. 10. 24.〉

⑫ 교육감은 관할 구역에서 학교폭력의 예방 및 대책 마련에 기여한 바가 큰 학교 또는 소속 교원에게 상훈을 수여하거나 소속 교원의 근무성적 평정에 가산점을 부여할 수 있다. 〈신설 2012. 3. 21., 2023. 10. 24.〉

⑬ 교육감은 학교의 장 및 교감을 대상으로 학교폭력 예방 및 대책 등에 관한 교육을 매년 1회 이상 실시하여야 한다. 〈신설 2023. 10. 24.〉

⑭ 제1항에 따라 설치되는 전담부서의 구성과 제8항에 따라 실시하는 학교폭력 실태조사, 제9항에 따른 전문기관의 설치 및 제13항에 따른 교육의 실시에 필요한 사항은 대통령령으로 정한다. 〈개정 2012. 3. 21., 2023. 10. 24.〉

제11조의2(학교폭력 조사·상담 등) ① 교육감은 학교폭력 예방과 사후 조치 등을 위하여 다음 각 호의 조사·상담 등을 수행할 수 있다. 〈개정 2021. 3. 23.〉

1. 학교폭력 피해학생 상담 및 가해학생 조사
2. 필요한 경우 가해학생 학부모 조사
3. 학교폭력 예방 및 대책에 관한 계획의 이행 지도
4. 관할 구역 학교폭력서클 단속
5. 학교폭력 예방을 위하여 민간 기관 및 업소 출입·검사
6. 그 밖에 학교폭력 등과 관련하여 필요한 사항

② 교육감은 제1항의 조사·상담 등의 업무를 대통령령으로 정하는 기관 또는 단체에 위탁할 수 있다.

③ 교육감 및 제2항에 따른 위탁 기관 또는 단체의 장은 제1항에 따른 조사·상담 등의 업무 수행에 필요한 경우 관계 기관의 장에게 협조를 요청할 수 있다. 〈개정 2021. 3. 23.〉

④ 제1항에 따라 조사·상담 등을 하는 관계 직원은 그 권한을 표시하는 증표를 지니고 이를 관계인에게 보여주어야 한다.

⑤ 제1항제1호 및 제4호의 조사 등의 결과는 학교의 장 및 보호자에게 통보하여야 한다.

[본조신설 2012. 3. 21.]

제11조의3(관계 기관과의 협조 등) ① 교육부장관, 교육감, 지역 교육장, 학교의 장은 학교폭력과 관련한 개인정보 등을 경찰청장, 시·도경찰청장, 관할 경찰서장 및 관계 기관의 장에게 요청할 수 있다. 〈개정 2013. 3. 23., 2020. 12. 22.〉

② 제1항에 따라 정보제공을 요청받은 경찰청장, 시·도경찰청장, 관할 경찰서장 및 관계 기관의 장은 특별한 사정이 없으면 그 요청을 따라야 한다. 〈개정 2020. 12. 22., 2021. 3. 23.〉

③ 제1항 및 제2항에 따른 관계 기관과의 협조 사항 및 절차 등에 필요한 사항은 대통령령으로 정한다.

[본조신설 2012. 3. 21.]

제11조의4(학교폭력 업무 담당자에 대한 지원 및 면책) ① 학교의 장은 제14조제3항에 따른 책임교사의 활동을 지원하기 위하여 수업시간을 조정하는 등 필요한 조치를 하여야 한다.

② 교육부장관 및 교육감은 학교폭력 예방 및 대응 업무를 수행하는 교원의 활동을 지원하기 위하여 「교원의 지위 향상 및 교육활동 보호를 위

한 특별법」 제14조의2에 따른 법률지원단을 통하여 학교폭력과 관련된 상담 및 민사소송이나 형사 고소·고발 등을 당한 경우 이에 대한 상담 등 필요한 법률서비스를 제공할 수 있다.

③ 학교의 장 및 교원이 학교폭력 예방 및 대응을 위하여 「초·중등교육법」 등 관계 법령에 따라 학생생활지도를 실시하는 경우 해당 학생생활지도가 관계 법령 및 학칙을 준수하여 이루어진 정당한 학교폭력사건 처리 또는 학생생활지도에 해당하는 때에는 학교의 장 및 교원은 그로 인한 민사상·형사상 책임을 지지 아니한다.

[본조신설 2023. 10. 24.]

제12조(학교폭력대책심의위원회의 설치·기능) ① 학교폭력의 예방 및 대책에 관련된 사항을 심의하기 위하여 「지방교육자치에 관한 법률」 제34조 및 「제주특별자치도 설치 및 국제자유도시 조성을 위한 특별법」 제80조에 따른 교육지원청(교육지원청이 없는 경우 해당 시·도 조례로 정하는 기관으로 한다. 이하 같다)에 학교폭력대책심의위원회(이하 "심의위원회"라 한다)를 둔다. 다만, 심의위원회 구성에 있어 대통령령으로 정하는 사유가 있는 경우에는 교육감 보고를 거쳐 둘 이상의 교육지원청이 공동으로 심의위원회를 구성할 수 있다. 〈개정 2012. 1. 26., 2019. 8. 20.〉

② 심의위원회는 학교폭력의 예방 및 대책 등을 위하여 다음 각 호의 사항을 심의한다. 〈개정 2012. 1. 26., 2019. 8. 20.〉

1. 학교폭력의 예방 및 대책
2. 피해학생의 보호
3. 가해학생에 대한 교육, 선도 및 징계
4. 피해학생과 가해학생 간의 분쟁조정

5. 그 밖에 대통령령으로 정하는 사항

③ 심의위원회는 해당 지역에서 발생한 학교폭력에 대하여 조사할 수 있고 학교장 및 관할 경찰서장에게 관련 자료를 요청할 수 있다. 〈신설 2012. 3. 21., 2019. 8. 20.〉

④ 심의위원회의 설치·기능 등에 필요한 사항은 지역 및 교육지원청의 규모 등을 고려하여 대통령령으로 정한다. 〈개정 2012. 3. 21., 2019. 8. 20.〉

[제목개정 2019. 8. 20.]

제13조(심의위원회의 구성·운영) ① 심의위원회는 10명 이상 50명 이내의 위원으로 구성하되, 전체위원의 3분의 1 이상을 해당 교육지원청 관할 구역 내 학교(고등학교를 포함한다)에 소속된 학생의 학부모로 위촉하여야 한다. 〈개정 2019. 8. 20.〉

② 심의위원회의 위원장은 다음 각 호의 어느 하나에 해당하는 경우에 회의를 소집하여야 한다. 〈신설 2011. 5. 19., 2012. 1. 26., 2012. 3. 21., 2019. 8. 20.〉

1. 심의위원회 재적위원 4분의 1 이상이 요청하는 경우
2. 학교의 장이 요청하는 경우
3. 피해학생 또는 그 보호자가 요청하는 경우
4. 학교폭력이 발생한 사실을 신고받거나 보고받은 경우
5. 가해학생이 협박 또는 보복한 사실을 신고받거나 보고받은 경우
6. 그 밖에 위원장이 필요하다고 인정하는 경우

③ 심의위원회는 회의의 일시, 장소, 출석위원, 토의내용 및 의결사항 등이 기록된 회의록을 작성·보존하여야 한다. 〈신설 2011. 5. 19., 2019. 8. 20.〉

④ 제2항에 따라 회의가 소집되는 경우 교육장(교육지원청이 없는 경우 해당 시·도 조례로 정하는 기관의 장)은 가해학생·피해학생 및 그 보호자에게 다음 각 호의 사항을 통지하여야 한다. 〈신설 2024. 1. 9.〉

1. 회의 일시·장소와 안건
2. 조치 요청사항 등 회의 결과

⑤ 심의위원회는 심의 과정에서 소아청소년과 의사, 정신건강의학과 의사, 심리학자, 그 밖의 아동심리와 관련된 전문가를 출석하게 하거나 서면 등의 방법으로 의견을 청취할 수 있고, 피해학생이 상담·치료 등을 받은 경우 해당 전문가 또는 전문의 등으로부터 의견을 청취할 수 있다. 다만, 심의위원회는 피해학생 또는 그 보호자의 의사를 확인하여 피해학생 또는 그 보호자의 요청이 있는 경우에는 반드시 의견을 청취하여야 한다. 〈신설 2020. 12. 22., 2024. 1. 9.〉

⑥ 그 밖에 심의위원회의 구성·운영에 필요한 사항은 대통령령으로 정한다. 〈개정 2011. 5. 19., 2019. 8. 20., 2020. 12. 22., 2024. 1. 9.〉

[제목개정 2011. 5. 19., 2019. 8. 20.]

제13조의2(학교의 장의 자체해결) ① 제13조제2항제4호 및 제5호에도 불구하고 다음 각 호에 모두 해당하는 경미한 학교폭력에 대하여 피해학생 및 그 보호자가 심의위원회의 개최를 원하지 아니하는 경우 학교의 장은 학교폭력사건을 자체적으로 해결할 수 있다. 이 경우 학교의 장은 지체 없이 이를 심의위원회에 보고하여야 한다. 〈개정 2021. 3. 23., 2023. 10. 24.〉

1. 2주 이상의 신체적·정신적 치료가 필요한 진단서를 발급받지 않은 경우

2. 재산상 피해가 없는 경우 또는 재산상 피해가 즉각 복구되거나 복구 약속이 있는 경우

3. 학교폭력이 지속적이지 않은 경우

4. 학교폭력에 대한 신고, 진술, 자료제공 등에 대한 보복행위(정보통신망을 이용한 행위를 포함한다)가 아닌 경우

② 학교의 장은 제1항에 따라 사건을 해결하려는 경우 다음 각 호에 해당하는 절차를 모두 거쳐야 한다.

1. 피해학생과 그 보호자의 심의위원회 개최 요구 의사의 서면 확인

2. 학교폭력의 경중에 대한 제14조제3항에 따른 전담기구의 서면 확인 및 심의

③ 학교의 장은 제1항에 따른 경미한 학교폭력에 대하여 피해학생 및 그 보호자가 심의위원회의 개최를 원하는 경우 피해학생과 가해학생 사이의 관계회복을 위한 프로그램(이하 "관계회복 프로그램"이라 한다)을 권유할 수 있다. 〈신설 2023. 10. 24.〉

④ 국가 및 지방자치단체는 관계회복 프로그램의 개발·보급 및 운영을 위하여 필요한 경우 행정적·재정적 지원을 할 수 있다. 〈신설 2023. 10. 24.〉

⑤ 그 밖에 학교의 장이 학교폭력을 자체적으로 해결하는 데에 필요한 사항은 대통령령으로 정한다. 〈개정 2023. 10. 24.〉

[본조신설 2019. 8. 20.]

제14조(전문상담교사 배치 및 전담기구 구성) ① 학교의 장은 학교에 대통령령으로 정하는 바에 따라 상담실을 설치하고, 「초·중등교육법」 제19조의2에 따라 전문상담교사를 둔다.

② 전문상담교사는 학교의 장 및 심의위원회의 요구가 있는 때에는 학교폭력에 관련된 피해학생 및 가해학생과의 상담결과를 보고하여야 한다. 〈개정 2019. 8. 20.〉

③ 학교의 장은 교감, 전문상담교사, 보건교사 및 책임교사(학교폭력문제를 담당하는 교사를 말한다), 학부모 등으로 학교폭력문제를 담당하는 전담기구(이하 "전담기구"라 한다)를 구성한다. 이 경우 학부모는 전담기구 구성원의 3분의 1 이상이어야 한다. 〈개정 2012. 3. 21., 2019. 8. 20.〉

④ 학교의 장은 학교폭력 사태를 인지한 경우 지체 없이 전담기구 또는 소속 교원으로 하여금 가해 및 피해 사실 여부를 확인하도록 하고, 전담기구로 하여금 제13조의2에 따른 학교의 장의 자체해결 부의 여부를 심의하도록 한다. 〈신설 2019. 8. 20.〉

⑤ 전담기구는 학교폭력에 대한 실태조사(이하 "실태조사"라 한다)와 학교폭력 예방 프로그램을 구성·실시하며, 학교의 장 및 심의위원회의 요구가 있는 때에는 학교폭력에 관련된 조사결과 등 활동결과를 보고하여야 한다. 〈개정 2012. 3. 21., 2019. 8. 20.〉

⑥ 피해학생 또는 피해학생의 보호자는 피해사실 확인을 위하여 전담기구에 실태조사를 요구할 수 있다. 〈신설 2009. 5. 8., 2012. 3. 21., 2019. 8. 20.〉

⑦ 국가 및 지방자치단체는 실태조사에 관한 예산을 지원하고, 관계 행정기관은 실태조사에 협조하여야 하며, 학교의 장은 전담기구에 행정적·재정적 지원을 할 수 있다. 〈개정 2009. 5. 8., 2012. 3. 21., 2019. 8. 20.〉

⑧ 전담기구는 성폭력 등 특수한 학교폭력사건에 대한 실태조사의 전문성을 확보하기 위하여 필요한 경우 전문기관에 그 실태조사를 의뢰할 수

있다. 이 경우 그 의뢰는 심의위원회 위원장의 심의를 거쳐 학교의 장 명의로 하여야 한다. 〈신설 2012. 1. 26., 2012. 3. 21., 2019. 8. 20.〉

⑨ 그 밖에 전담기구 운영 등에 필요한 사항은 대통령령으로 정한다. 〈신설 2012. 3. 21., 2019. 8. 20.〉

제15조(학교폭력 예방교육 등) ① 학교의 장은 학생의 육체적·정신적 보호와 학교폭력의 예방을 위한 학생들에 대한 교육(학교폭력의 개념·실태 및 대처방안 등을 포함하여야 한다)을 학기별로 1회 이상 실시하여야 한다. 〈개정 2012. 1. 26.〉

② 학교의 장은 학교폭력의 예방 및 대책 등을 위한 교직원 및 학부모에 대한 교육을 학기별로 1회 이상 실시하여야 한다. 〈개정 2012. 3. 21.〉

③ 학교의 장은 학교폭력을 예방하기 위하여 교사·학생·학부모 등 학교구성원이 학교폭력에 대한 책임을 인식하고 실천할 수 있도록 필요한 사항을 정하여 운영할 수 있다. 〈신설 2023. 10. 24.〉

④ 학교의 장은 제1항에 따른 학교폭력 예방교육 프로그램의 구성 및 그 운용 등을 전담기구와 협의하여 전문단체 또는 전문가에게 위탁할 수 있다. 〈개정 2023. 10. 24.〉

⑤ 교육장은 제1항, 제2항 및 제4항에 따른 학교폭력 예방교육 프로그램의 구성과 운용계획을 학부모가 쉽게 확인할 수 있도록 휴대전화를 이용한 문자메시지 전송, 인터넷 홈페이지 게시 및 그 밖에 다양한 방법으로 학부모에게 홍보하여 참여가 활성화될 수 있도록 노력하여야 한다. 〈개정 2012. 1. 26., 2023. 10. 24.〉

⑥ 교육부장관은 학교폭력 예방 및 대책 등에 관한 홍보영상을 제작하여 「방송법」 제2조제3호에 따른 방송사업자에게 배포하고 송출을 요청

할 수 있다. 〈신설 2023. 10. 24.〉

⑦ 그 밖에 학교폭력 예방교육의 실시와 관련한 사항은 대통령령으로 정한다. 〈개정 2011. 5. 19., 2023. 10. 24.〉

[제목개정 2011. 5. 19.]

제16조(피해학생의 보호) ① 심의위원회는 피해학생의 보호를 위하여 필요하다고 인정하는 때에는 피해학생에 대하여 다음 각 호의 어느 하나에 해당하는 조치(수 개의 조치를 동시에 부과하는 경우를 포함한다)를 할 것을 교육장(교육장이 없는 경우 제12조제1항에 따라 조례로 정한 기관의 장으로 한다. 이하 같다)에게 요청할 수 있다. 다만, 학교의 장은 학교폭력 사건을 인지한 경우 피해학생의 반대의사 등 대통령령으로 정하는 특별한 사정이 없으면 지체 없이 가해자(교사를 포함한다)와 피해학생을 분리하여야 하며, 피해학생이 긴급보호를 요청하는 경우에는 제1호부터 제3호까지 및 제6호의 조치를 할 수 있다. 이 경우 학교의 장은 심의위원회에 즉시 보고하여야 한다. 〈개정 2012. 3. 21., 2017. 4. 18., 2019. 8. 20., 2020. 12. 22., 2021. 3. 23., 2023. 10. 24.〉

1. 학내외 전문가에 의한 심리상담 및 조언
2. 일시보호
3. 치료 및 치료를 위한 요양
4. 학급교체
5. 삭제 〈2012. 3. 21.〉
6. 그 밖에 피해학생의 보호를 위하여 필요한 조치

② 심의위원회는 제1항에 따른 조치를 요청하기 전에 피해학생 및 그 보호자에게 의견진술의 기회를 부여하는 등 적정한 절차를 거쳐야 한다.

〈신설 2012. 3. 21., 2019. 8. 20.〉

③ 제1항에 따른 요청이 있는 때에는 교육장은 피해학생의 보호자의 동의를 받아 7일 이내에 해당 조치를 하여야 한다. 〈개정 2012. 3. 21., 2019. 8. 20.〉

④ 제1항의 조치 등 보호가 필요한 학생에 대하여 학교의 장이 인정하는 경우 그 조치에 필요한 결석을 출석일수에 포함하여 계산할 수 있다. 〈개정 2012. 3. 21., 2021. 3. 23.〉

⑤ 학교의 장은 성적 등을 평가하는 경우 제3항에 따른 조치로 인하여 학생에게 불이익을 주지 아니하도록 노력하여야 한다. 〈개정 2012. 3. 21., 2021. 3. 23.〉

⑥ 피해학생이 전문단체나 전문가로부터 제1항제1호부터 제3호까지의 규정에 따른 상담 등을 받는 데에 사용되는 비용은 가해학생의 보호자가 부담하여야 한다. 다만, 피해학생의 신속한 치료를 위하여 학교의 장 또는 피해학생의 보호자가 원하는 경우에는 「학교안전사고 예방 및 보상에 관한 법률」 제15조에 따른 학교안전공제회 또는 시·도교육청이 부담하고 이에 대한 상환청구권을 행사할 수 있다. 〈개정 2012. 1. 26., 2012. 3. 21., 2021. 3. 23.〉

1. 삭제 〈2012. 3. 21.〉

2. 삭제 〈2012. 3. 21.〉

⑦ 학교의 장 또는 피해학생의 보호자는 필요한 경우 「학교안전사고 예방 및 보상에 관한 법률」 제34조의 공제급여를 학교안전공제회에 직접 청구할 수 있다. 〈신설 2012. 1. 26., 2012. 3. 21.〉

⑧ 피해학생의 보호 및 제6항에 따른 지원범위, 상환청구범위, 지급절

차 등에 필요한 사항은 대통령령으로 정한다. 〈신설 2012. 3. 21., 2021. 3. 23.〉

제16조의2(장애학생의 보호) ① 누구든지 장애 등을 이유로 장애학생에게 학교폭력을 행사하여서는 아니 된다.

② 심의위원회는 피해학생 또는 가해학생이 장애학생인 경우 심의과정에 「장애인 등에 대한 특수교육법」 제2조제4호에 따른 특수교육교원 등 특수교육 전문가 또는 장애인 전문가를 출석하게 하거나 서면 등의 방법으로 의견을 청취할 수 있다. 〈신설 2020. 12. 22.〉

③ 심의위원회는 학교폭력으로 피해를 입은 장애학생의 보호를 위하여 장애인전문 상담가의 상담 또는 장애인전문 치료기관의 요양 조치를 학교의 장에게 요청할 수 있다. 〈개정 2019. 8. 20., 2020. 12. 22.〉

④ 제3항에 따른 요청이 있는 때에는 학교의 장은 해당 조치를 하여야 한다. 이 경우 제16조제6항을 준용한다. 〈개정 2012. 3. 21., 2020. 12. 22.〉

[본조신설 2009. 5. 8.]

제16조의3(피해학생 지원 조력인) ① 교육감 또는 교육장은 피해학생 지원을 위하여 피해학생이 필요로 하는 법률, 상담, 보호 등을 위한 서비스 및 지원기관을 연계하는 조력인(이하 "피해학생 지원 조력인"이라 한다)을 지정할 수 있다.

② 교육감 또는 교육장은 피해학생 지원 조력인의 운영을 위한 행정적·재정적 지원을 하여야 한다.

③ 피해학생 지원 조력인의 지정 및 운영에 관한 사항은 대통령령으로 정한다.

[본조신설 2023. 10. 24.]

제16조의4(사이버폭력의 피해자 지원) ① 국가는 사이버폭력에 해당하는 촬영물, 음성물, 복제물, 편집물, 개인정보, 허위사실 등(이하 이 조에서 "촬영물등"이라 한다)이 정보통신망에 유포되어 피해(촬영물등의 대상자가 되어 입은 피해를 말한다)를 입은 학생에 대하여 촬영물등의 삭제를 위한 지원을 할 수 있다.

② 제1항에 따른 피해학생, 그 보호자 또는 피해학생이나 보호자가 지정하는 대리인은 국가에 촬영물등의 삭제를 위한 지원을 요청할 수 있다. 이 경우 피해학생이나 그 보호자가 지정하는 대리인은 대통령령으로 정하는 요건을 갖추어 삭제지원을 요청하여야 한다.

③ 제1항에 따른 촬영물등 삭제지원에 소요되는 비용은 사이버폭력의 가해학생 또는 그 보호자가 부담한다.

④ 국가가 제1항에 따라 촬영물등 삭제지원에 소요되는 비용을 지출한 경우 사이버폭력의 가해학생 또는 그 보호자에게 상환청구권을 행사할 수 있다.

⑤ 제1항 및 제2항에 따른 촬영물등 삭제지원의 내용·방법, 제4항에 따른 상환청구권 행사의 절차·방법 등에 필요한 사항은 대통령령으로 정한다.

[본조신설 2023. 10. 24.]

제17조(가해학생에 대한 조치) ① 심의위원회는 피해학생의 보호와 가해학생의 선도·교육을 위하여 가해학생에 대하여 다음 각 호의 어느 하나에 해당하는 조치(수 개의 조치를 동시에 부과하는 경우를 포함한다)를 할 것을 교육장에게 요청하여야 하며, 각 조치별 적용 기준은 대통령령으로 정한다. 다만, 퇴학처분은 의무교육과정에 있는 가해학생에 대하여는 적

용하지 아니한다. 〈개정 2009. 5. 8., 2012. 1. 26., 2012. 3. 21., 2019. 8. 20., 2021. 3. 23., 2023. 10. 24.〉

1. 피해학생에 대한 서면사과
2. 피해학생 및 신고·고발 학생에 대한 접촉, 협박 및 보복행위(정보통신망을 이용한 행위를 포함한다)의 금지
3. 학교에서의 봉사
4. 사회봉사
5. 학내외 전문가, 교육감이 정한 기관에 의한 특별 교육이수 또는 심리치료
6. 출석정지
7. 학급교체
8. 전학
9. 퇴학처분

② 제1항에 따라 심의위원회가 교육장에게 가해학생에 대한 조치를 요청할 때 그 이유가 피해학생이나 신고·고발 학생에 대한 협박 또는 보복행위(정보통신망을 이용한 행위를 포함한다)일 경우에는 같은 항 제6호부터 제9호까지의 조치를 동시에 부과하거나 조치 내용을 가중할 수 있다. 〈신설 2012. 3. 21., 2019. 8. 20., 2021. 3. 23., 2023. 10. 24.〉

③ 제1항제2호부터 제4호까지 및 제6호부터 제8호까지의 처분을 받은 가해학생은 교육감이 정한 기관(대안교육기관을 포함한다)에서 특별교육을 이수하거나 심리치료를 받아야 하며, 그 기간은 심의위원회에서 정한다. 〈개정 2012. 1. 26., 2012. 3. 21., 2019. 8. 20., 2023. 10. 24.〉

④ 학교의 장은 학교폭력을 인지한 경우 지체 없이 제1항제2호의 조치를

하여야 한다. 〈신설 2023. 10. 24.〉

⑤ 학교의 장은 피해학생의 보호와 가해학생의 선도·교육이 긴급하다고 인정할 경우 우선 제1항제1호, 제3호, 제5호부터 제7호까지의 조치를 각각 또는 동시에 부과할 수 있다. 이 경우 심의위원회에 즉시 보고하여 추인을 받아야 한다. 〈개정 2012. 1. 26., 2012. 3. 21., 2019. 8. 20., 2021. 3. 23., 2023. 10. 24.〉

⑥ 학교의 장은 피해학생 및 그 보호자가 요청할 경우 전담기구 심의를 거쳐 제1항제6호 또는 제7호의 조치를 할 수 있다. 이 경우 심의위원회에 즉시 보고하여 추인을 받아야 한다. 〈신설 2023. 10. 24.〉

⑦ 제5항 및 제6항에 따라 학교의 장이 부과하는 제1항제6호 조치의 기간은 심의위원회 조치결정시까지로 정할 수 있다. 〈신설 2023. 10. 24.〉

⑧ 심의위원회는 제1항 또는 제2항에 따른 조치를 요청하기 전에 가해학생 및 보호자에게 의견진술의 기회를 부여하는 등 적정한 절차를 거쳐야 한다. 〈개정 2012. 3. 21., 2019. 8. 20., 2023. 10. 24.〉

⑨ 제1항에 따른 요청이 있는 때에는 교육장은 14일 이내에 해당 조치를 하여야 한다. 〈개정 2012. 1. 26., 2012. 3. 21., 2019. 8. 20., 2023. 10. 24.〉

⑩ 학교의 장이 제4항부터 제6항까지에 따른 조치를 한 때에는 가해학생과 그 보호자에게 이를 통지하여야 하며, 가해학생이 이를 거부하거나 회피하는 때에는 학교의 장은 「초·중등교육법」 제18조에 따라 징계하여야 한다. 〈개정 2012. 3. 21., 2019. 8. 20., 2023. 10. 24.〉

⑪ 제1항제2호의 처분을 받은 가해학생의 보호자는 가해학생이 해당 조치를 적절히 이행할 수 있도록 노력하여야 한다. 〈신설 2023. 10. 24.〉

⑫ 가해학생이 제1항제3호부터 제5호까지의 규정에 따른 조치를 받은

경우 이와 관련된 결석은 학교의 장이 인정하는 때에는 이를 출석일수에 포함하여 계산할 수 있다. 〈개정 2012. 1. 26., 2012. 3. 21., 2021. 3. 23., 2023. 10. 24.〉

⑬ 심의위원회는 가해학생이 특별교육을 이수할 경우 해당 학생의 보호자도 함께 교육을 받게 하여야 하며, 피해학생이 장애학생일 경우 장애인식개선 교육내용을 포함하여야 한다. 〈개정 2012. 3. 21., 2019. 8. 20., 2023. 10. 24.〉

⑭ 가해학생이 다른 학교로 전학을 간 이후에는 전학 전의 피해학생 소속 학교로 다시 전학올 수 없도록 하여야 한다. 〈신설 2012. 1. 26., 2012. 3. 21., 2023. 10. 24.〉

⑮ 제1항제2호부터 제9호까지의 처분을 받은 학생이 해당 조치를 거부하거나 기피하는 경우 심의위원회는 제7항에도 불구하고 대통령령으로 정하는 바에 따라 추가로 다른 조치를 할 것을 교육장에게 요청할 수 있다. 〈신설 2012. 3. 21., 2019. 8. 20., 2023. 10. 24.〉

⑯ 피해학생 및 그 보호자는 제9항, 제10항 및 제15항에 따른 조치 또는 징계가 지연되거나 이행되지 아니할 경우 교육감에게 신고할 수 있으며, 신고하는 경우 교육감은 지체 없이 사실 여부를 확인하기 위하여 대통령령으로 정하는 바에 따라 교육장 또는 학교의 장을 조사하여야 한다. 〈신설 2024. 1. 9.〉

⑰ 가해학생에 대한 조치 및 제11조제6항에 따른 재입학 등에 관하여 필요한 사항은 대통령령으로 정한다. 〈신설 2012. 3. 21., 2023. 10. 24., 2024. 1. 9.〉

제17조의2(행정심판) ① 교육장이 제16조제1항 및 제17조제1항에 따라

내린 조치에 대하여 이의가 있는 피해학생 또는 그 보호자는 「행정심판법」에 따른 행정심판을 청구할 수 있다. 〈신설 2012. 3. 21., 2017. 11. 28., 2019. 8. 20.〉

② 교육장이 제17조제1항에 따라 내린 조치에 대하여 이의가 있는 가해학생 또는 그 보호자는 「행정심판법」에 따른 행정심판을 청구할 수 있다. 〈개정 2012. 3. 21., 2017. 11. 28., 2019. 8. 20.〉

③ 행정심판위원회는 피해학생 또는 그 보호자 및 피·가해학생의 소속 학교에 제2항에 따른 행정심판의 청구 사실을 통지하고 「행정심판법」 제20조에 따른 심판참가에 관한 사항을 문서로 안내하여야 한다. 〈신설 2023. 10. 24.〉

④ 제1항 및 제2항에 따른 행정심판청구에 필요한 사항은 「행정심판법」을 준용한다. 〈개정 2019. 8. 20., 2023. 10. 24.〉

⑤ 삭제 〈2019. 8. 20.〉

⑥ 삭제 〈2019. 8. 20.〉

[본조신설 2012. 1. 26.]

[제목개정 2019. 8. 20.]

제17조의3(행정소송) ① 교육장이 제16조제1항 및 제17조제1항에 따라 내린 조치에 대하여 이의가 있는 피해학생 또는 그 보호자는 「행정소송법」에 따른 행정소송을 제기할 수 있다.

② 교육장이 제17조제1항에 따라 내린 조치에 대하여 이의가 있는 가해학생 또는 그 보호자는 「행정소송법」에 따른 행정소송을 제기할 수 있다.

③ 교육장은 피·가해학생 또는 그 보호자 및 피·가해학생의 소속 학교에 제1항 및 제2항에 따른 행정소송의 제기 사실을 통지하고 「행정소송법」

제16조에 따른 소송참가에 관한 사항을 문서로 안내하여야 한다.

④ 제1항 및 제2항에 따른 행정소송 제기에 필요한 사항은 「행정소송법」을 준용한다.

[본조신설 2023. 10. 24.]

제17조의4(집행정지) ① 행정심판위원회 및 법원이 제17조제1항에 따른 조치에 대하여 「행정심판법」 제30조 또는 「행정소송법」 제23조에 따른 집행정지 결정을 하려는 경우에는 피해학생 또는 그 보호자의 의견을 청취하여야 한다. 다만, 피해학생 또는 그 보호자가 의견진술의 기회를 포기한다는 뜻을 명백히 표시한 경우 등에는 의견청취를 아니할 수 있다.

② 교육감 또는 교육장은 행정심판위원회 또는 법원으로부터 집행정지 신청 사실 및 그 결과를 통보받은 경우 피해학생 또는 그 보호자 및 피·가해학생의 소속 학교에 그 사실 및 결과를 통지하여야 한다.

③ 제17조제1항에 따른 조치에 대한 집행정지 신청이 인용된 경우, 피해학생 및 그 보호자는 학교의 장에게 가해학생과의 분리를 요청할 수 있고, 학교의 장은 전담기구 심의를 거쳐 가해학생과 피해학생을 분리하여야 한다.

④ 제1항에 따른 의견청취의 절차, 방법, 예외 등에 필요한 사항은 「행정심판법」 제30조에 따른 집행정지의 경우에는 대통령령으로 정하고, 「행정소송법」 제23조에 따른 집행정지의 경우에는 대법원규칙으로 정한다.

[본조신설 2023. 10. 24.]

제17조의5(재판기간에 관한 규정) 교육장이 제17조제1항에 따라 내린 조치에 대하여 이의가 있는 가해학생 또는 그 보호자가 「행정소송법」에 따른 행정소송을 제기한 경우 그 행정소송 사건의 재판은 다른 재판에 우

선하여 신속히 하여야 하며, 그 판결의 선고는 제1심에서는 소가 제기된 날부터 90일 이내에, 제2심 및 제3심에서는 전심의 판결의 선고가 있은 날부터 각각 60일 이내에 하여야 한다.

[본조신설 2023. 10. 24.]

제18조(분쟁조정) ① 심의위원회는 학교폭력과 관련하여 분쟁이 있는 경우에는 그 분쟁을 조정할 수 있다. 〈개정 2019. 8. 20.〉

② 제1항에 따른 분쟁의 조정기간은 1개월을 넘지 못한다.

③ 학교폭력과 관련한 분쟁조정에는 다음 각 호의 사항을 포함한다. 〈개정 2019. 8. 20.〉

 1. 피해학생과 가해학생간 또는 그 보호자 간의 손해배상에 관련된 합의조정

 2. 그 밖에 심의위원회가 필요하다고 인정하는 사항

④ 심의위원회는 분쟁조정을 위하여 필요하다고 인정하는 때에는 관계 기관의 협조를 얻어 학교폭력과 관련한 사항을 조사할 수 있다. 〈개정 2019. 8. 20.〉

⑤ 심의위원회가 분쟁조정을 하고자 할 때에는 이를 피해학생·가해학생 및 그 보호자에게 통보하여야 한다. 〈개정 2019. 8. 20.〉

⑥ 시·도교육청 관할 구역 안의 소속 교육지원청이 다른 학생 간에 분쟁이 있는 경우에는 교육감이 직접 분쟁을 조정한다. 이 경우 제2항부터 제5항까지의 규정을 준용한다. 〈개정 2019. 8. 20.〉

⑦ 관할 구역을 달리하는 시·도교육청 소속 학교의 학생 간에 분쟁이 있는 경우에는 피해학생을 감독하는 교육감이 가해학생을 감독하는 교육감과의 협의를 거쳐 직접 분쟁을 조정한다. 이 경우 제2항부터 제5항까지의

규정을 준용한다. 〈개정 2019. 8. 20.〉

제19조(학교의 장의 의무) ① 학교의 장은 제16조, 제16조의2, 제17조에 따른 조치의 이행에 협조하여야 한다.

② 학교의 장은 학교폭력을 축소 또는 은폐해서는 아니 된다.

③ 학교의 장은 교육감에게 학교폭력이 발생한 사실과 제13조의2에 따라 학교의 장의 자체해결로 처리된 사건, 제16조, 제16조의2, 제17조 및 제18조에 따른 조치 및 그 결과를 보고하고, 관계 기관과 협력하여 교내 학교폭력 단체의 결성예방 및 해체에 노력하여야 한다.

④ 학교의 장은 학교폭력 예방을 위하여 필요한 경우 해당 학교의 학교폭력 현황을 조사하는 등 학교폭력 조기 발견 및 대처를 위하여 노력하여야 한다. 〈신설 2023. 10. 24.〉

[전문개정 2019. 8. 20.]

제20조(학교폭력의 신고의무) ① 학교폭력 현장을 보거나 그 사실을 알게 된 자는 학교 등 관계 기관에 이를 즉시 신고하여야 한다.

② 제1항에 따라 신고를 받은 기관은 이를 가해학생 및 피해학생의 보호자와 소속 학교의 장에게 통보하여야 한다. 〈개정 2009. 5. 8.〉

③ 제2항에 따라 통보받은 소속 학교의 장은 이를 심의위원회에 지체 없이 통보하여야 한다. 〈신설 2009. 5. 8., 2019. 8. 20.〉

④ 누구라도 학교폭력의 예비·음모 등을 알게 된 자는 이를 학교의 장 또는 심의위원회에 고발할 수 있다. 다만, 교원이 이를 알게 되었을 경우에는 학교의 장에게 보고하고 해당 학부모에게 알려야 한다. 〈개정 2009. 5. 8., 2012. 1. 26., 2019. 8. 20.〉

⑤ 누구든지 제1항부터 제4항까지에 따라 학교폭력을 신고한 사람에게

그 신고행위를 이유로 불이익을 주어서는 아니 된다. 〈신설 2012. 3. 21.〉

제20조의2(긴급전화의 설치 등) ① 국가 및 지방자치단체는 학교폭력을 수시로 신고받고 이에 대한 상담에 응할 수 있도록 긴급전화를 설치하여야 한다.

② 국가와 지방자치단체는 제1항에 따른 긴급전화의 설치·운영을 대통령령으로 정하는 기관 또는 단체에 위탁할 수 있다. 〈신설 2012. 1. 26.〉

③ 제1항과 제2항에 따른 긴급전화의 설치·운영·위탁에 필요한 사항은 대통령령으로 정한다. 〈개정 2012. 1. 26.〉

[본조신설 2009. 5. 8.]

제20조의3 삭제 〈2023. 10. 24.〉

제20조의4(정보통신망의 이용 등) ① 국가·지방자치단체 또는 교육감은 학교폭력 예방 업무 등을 효과적으로 수행하기 위하여 필요한 경우 정보통신망을 이용할 수 있다.

② 국가·지방자치단체 또는 교육감은 제1항에 따라 정보통신망을 이용하여 학교 또는 학생(학부모를 포함한다)이 학교폭력 예방 업무 등을 수행하는 경우 다음 각 호의 어느 하나에 해당하는 비용의 전부 또는 일부를 지원할 수 있다.

1. 학교 또는 학생(학부모를 포함한다)이 전기통신설비를 구입하거나 이용하는 데 소요되는 비용

2. 학교 또는 학생(학부모를 포함한다)에게 부과되는 전기통신역무 요금

③ 그 밖에 정보통신망의 이용 등에 관하여 필요한 사항은 대통령령으로 정한다.

[본조신설 2012. 3. 21.]

제20조의5(학생보호인력의 배치 등) ① 국가·지방자치단체 또는 학교의 장은 학교폭력을 예방하기 위하여 학교 내에 학생보호인력을 배치하여 활용할 수 있다.

② 다음 각 호의 어느 하나에 해당하는 사람은 학생보호인력이 될 수 없다. 〈신설 2013. 7. 30., 2021. 3. 23.〉

1. 「국가공무원법」 제33조 각 호의 어느 하나에 해당하는 사람
2. 「아동·청소년의 성보호에 관한 법률」에 따른 아동·청소년대상 성범죄 또는 「성폭력범죄의 처벌 등에 관한 특례법」에 따른 성폭력범죄를 저질러 벌금형을 선고받고 그 형이 확정된 날부터 10년이 지나지 아니하였거나, 금고 이상의 형이나 치료감호를 선고받고 그 집행이 끝나거나 집행이 유예·면제된 날부터 10년이 지나지 아니한 사람
3. 「청소년 보호법」 제2조제5호가목3) 및 같은 목 7)부터 9)까지의 청소년 출입·고용금지업소의 업주나 종사자

③ 국가·지방자치단체 또는 학교의 장은 제1항에 따른 학생보호인력의 배치 및 활용 업무를 관련 전문기관 또는 단체에 위탁할 수 있다. 〈개정 2013. 7. 30.〉

④ 제3항에 따라 학생보호인력의 배치 및 활용 업무를 위탁받은 전문기관 또는 단체는 그 업무를 수행하는 경우 학교의 장과 충분히 협의하여야 한다. 〈개정 2013. 7. 30., 2021. 3. 23.〉

⑤ 국가·지방자치단체 또는 학교의 장은 학생보호인력으로 배치하고자 하는 사람의 동의를 받아 경찰청장에게 그 사람의 범죄경력을 조회할 수 있다. 〈신설 2013. 7. 30.〉

⑥ 제3항에 따라 학생보호인력의 배치 및 활용 업무를 위탁받은 전문기

관 또는 단체는 해당 업무를 위탁한 국가·지방자치단체 또는 학교의 장에게 학생보호인력으로 배치하고자 하는 사람의 범죄경력을 조회할 것을 신청할 수 있다. 〈신설 2013. 7. 30.〉

⑦ 학생보호인력이 되려는 사람은 국가·지방자치단체 또는 학교의 장에게 제2항 각 호의 어느 하나에 해당하지 아니한다는 확인서를 제출하여야 한다. 〈신설 2013. 7. 30.〉

[본조신설 2012. 3. 21.]

제20조의6(학교전담경찰관) ① 국가는 학교폭력 예방 및 근절을 위하여 학교폭력 업무 등을 전담하는 경찰관을 둘 수 있다.

② 제1항에 따른 학교전담경찰관의 운영에 필요한 사항은 대통령령으로 정한다.

[본조신설 2017. 11. 28.]

[종전 제20조의6은 제20조의7로 이동 〈2017. 11. 28.〉]

제20조의7(영상정보처리기기의 통합 관제) ① 국가 및 지방자치단체는 학교폭력 예방 업무를 효과적으로 수행하기 위하여 교육감과 협의하여 학교 내외에 설치된 영상정보처리기기(「개인정보 보호법」 제2조제7호에 따른 고정형 영상정보처리기기를 말한다. 이하 이 조에서 같다)를 통합하여 관제할 수 있다. 이 경우 국가 및 지방자치단체는 통합 관제 목적에 필요한 범위에서 최소한의 개인정보만을 처리하여야 하며, 그 목적 외의 용도로 활용하여서는 아니 된다. 〈개정 2023. 3. 14.〉

② 제1항에 따라 영상정보처리기기를 통합 관제하려는 국가 및 지방자치단체는 공청회·설명회의 개최 등 대통령령으로 정하는 절차를 거쳐 관계 전문가 및 이해관계인의 의견을 수렴하여야 한다.

③ 제1항에 따라 학교 내외에 설치된 영상정보처리기기가 통합 관제되는 경우 해당 학교의 영상정보처리기기운영자는 「개인정보 보호법」 제25조제4항에 따른 조치를 통하여 그 사실을 정보주체에게 알려야 한다.

④ 통합 관제에 관하여 이 법에서 규정한 것을 제외하고는 「개인정보 보호법」을 적용한다.

⑤ 그 밖에 영상정보처리기기의 통합 관제에 필요한 사항은 대통령령으로 정한다.

[본조신설 2012. 3. 21.]

[제20조의6에서 이동 〈2017. 11. 28.〉]

제21조(비밀누설금지 등) ① 이 법에 따라 학교폭력의 예방 및 대책과 관련된 업무를 수행하거나 수행하였던 사람은 그 직무로 인하여 알게 된 비밀 또는 가해학생·피해학생 및 제20조에 따른 신고자·고발자와 관련된 자료를 누설하여서는 아니 된다. 〈개정 2012. 1. 26., 2021. 3. 23.〉

② 제1항에 따른 비밀의 구체적인 범위는 대통령령으로 정한다.

③ 제16조, 제16조의2, 제17조, 제17조의2, 제18조에 따른 심의위원회의 회의는 공개하지 아니한다. 다만, 피해학생·가해학생 또는 그 보호자가 회의록의 열람·복사 등 회의록 공개를 신청한 때에는 학생과 그 가족의 성명, 주민등록번호 및 주소, 위원의 성명 등 개인정보에 관한 사항을 제외하고 공개하여야 한다. 〈개정 2011. 5. 19., 2012. 3. 21., 2019. 8. 20.〉

제21조의2(「지방교육자치에 관한 법률」에 관한 특례) 교육장은 「지방교육자치에 관한 법률」 제35조에도 불구하고 이 법에 따른 고등학교에서의 학교폭력 피해학생 보호, 가해학생 선도·교육 및 피해학생과 가해학생 간의 분쟁조정 등에 관한 사무를 위임받아 수행할 수 있다.

[본조신설 2019. 8. 20.]

제22조(벌칙) 제21조제1항을 위반한 자는 1년 이하의 징역 또는 1천만 원 이하의 벌금에 처한다.

[전문개정 2017. 11. 28.]

제23조(과태료) ① 제17조제13항에 따른 심의위원회의 교육 이수 조치를 따르지 아니한 보호자에게는 300만 원 이하의 과태료를 부과한다. 〈개정 2019. 8. 20., 2023. 10. 24.〉

② 제1항에 따른 과태료는 대통령령으로 정하는 바에 따라 교육감이 부과·징수한다.

[본조신설 2017. 11. 28.]

부칙 〈제19942호, 2024. 1. 9.〉

이 법은 2024년 3월 1일부터 시행한다.

[부록 2]
학교폭력전담조사관 안내

조사관의 위촉(임명)과 해촉
- 조사관 임명·위촉권자 : 교육감 또는 교육장
- 교육감 또는 교육장은 조사·상담 업무 수행을 위하여 학교폭력 조사·상담 관련 전문가(학교폭력전담조사관)를 임명 또는 위촉할 수 있다(시행령 제8조제2항). 조사관의 역할, 요건, 수당 지급 등에 관한 세부사항은 교육감이 정한다(시행령 제8조제3항).

> **참고 : 교육감이 정하는 조사관의 요건, 역할 등에 관한 예시**
>
> ▶ 조사관의 요건 등
> - 조사관의 요건
>   - 교원으로 재직했던 사람으로서 학교폭력 또는 생활지도 업무 경력이 2년 이상인 사람
>   - 경찰로 재직했던 사람으로서 학교폭력·선도 업무 또는 조사·수사 업무 경력이 2년 이상인 사람
>   - 청소년 선도, 보호 및 상담 단체에서 청소년 선도, 보호 및 상담 활동을 2년 이상 담당한 사람
>   - 그밖에 학교폭력 예방 및 청소년 보호에 대한 지식과 경험이 풍부하다고 교육장이 인정하는 사람

• 조사관 규모는 지역의 학교 및 학생 수, 학교폭력 발생 건수 등을 고려하여 시·도교육청에서 자율적으로 정한다.

• 조사관의 임기
- 조사관의 임기는 1년으로 한다. 다만, 해촉 등으로 새로 임명·위촉되는 조사관의 임기는 전임 조사관의 남은 기간으로 한다.

• 교육감 또는 교육장은 조사관으로 임명된 자가 다음 각 호의 어느 하나에 해당하는 경우에는 임명을 철회하거나 해촉할 수 있다.
- 심신장애로 인하여 직무를 수행할 수 없는 경우
- 직무와 관련하여 비위 사실이 있는 경우
- 직무 태만, 품위 손상이나 그 밖의 사유로 인하여 조사관으로 적합하지 아니하다고 인정되는 경우

▶ 조사관의 역할
• 학교폭력 사안조사
- 학교폭력 제로센터로부터 사안을 배정받은 후 학교폭력 피·가해 사실에 대한 조사를 실시한다.
- 관련 학생 보호자와 면담을 할 수 있다.
- 학교장자체해결 동의 시 관련 동의서를 전담 기구에 제출할 수 있다는 내용을 안내한다.
※ 면담 과정에서 자체해결 동의서를 조사관에게 제출하는 경우, 조사관이 학교에 전달할 수 있음

- 필요 시, 관련 교사와의 면담을 진행할 수 있다.
- 사안조사보고서 작성 및 조사 결과 보고
- 신고된 학교폭력 사안에 대해 조사를 실시하고 조사 결과를 보고서로 작성하여 전담기구 및 제로센터에 보고한다.

※ 학교장 요청 시 전담기구에 참여하여 조사결과 보고

- 사례회의 참석 및 조사 결과 보고
- 사례회의 참석하여 조사 결과를 설명한다.
- 학교전담경찰관과의 정보 공유 및 조사에 대한 학교전담경찰관에 자문 요청
  - 그 밖에 교육감 또는 교육장이 정하는 사항
  - 교육감 또는 교육장이 필요하다고 판단할 시 학교폭력 사례회의 및 심의위원회에 참석한다.